小動作的背後

姜振宇　著

商務印書館

本書由北京鳳凰天下文化發展有限公司授權獨家出版發行繁體版

小動作的背後

作　　者：姜振宇

責任編輯：徐昕宇

封面設計：張志華

出　　版：商務印書館（香港）有限公司

　　　　　香港筲箕灣耀興道 3 號東滙廣場 8 樓

　　　　　http://www.commercialpress.com.hk

發　　行：香港聯合書刊物流有限公司

　　　　　香港新界大埔汀麗路 36 號中華商務印刷大廈 3 字樓

印　　刷：中華商務彩色印刷有限公司

　　　　　香港新界大埔汀麗路36號中華商務印刷大廈14字樓

版　　次：2016 年 6 月第 1 版第 3 次印刷

　　　　　© 2012 商務印書館（香港）有限公司

　　　　　ISBN 978 962 07 6475 2

　　　　　Printed in Hong Kong

人際交往的心理探測術

這套書對我有用嗎？

我們無法回答這個問題，但如果出現下面的情形，則這套書提供的知識和技術能為你提供巨大的幫助。

- 你與親人相隔遙遠，你很擔心他們是否過得健康安好。每次打電話的時候，他們都會告訴你一切順利，沒有甚麼不好的。你很想知道他們是否真的過得好，還是只是為了怕你擔心而對你 "報喜不報憂"。

- 認識新朋友的時候，對方是個甚麼類型的人，和你說話的時候是否真誠？對方在侃侃而談或沉默不語的時候，內心究竟在想甚麼？義憤填膺的同仇敵愾是否真實，開心大笑的時候是否在故作輕鬆？

- 你和戀人相處良久，感情不像原來那麼熾熱，你不知道他是否還深愛着你。雖然每次問起來，他都信誓旦旦地說非你不娶，但是你依舊不放心，不知道為甚麼有一種隱隱的不安和懷疑，你想知道對方說的是真心話，還是只是應付你而隨口一說。

- 你是某公司的招聘官，好不容易遇到了一個不錯的應聘者，你想知道他的敍述是否真實，他到公司的實際追求是否就是他所說，他所作的承諾是否可信，哪些是他真正關注的因素？

- 你的上司說很器重你，覺得你值得栽培。你想知道他是真的要栽培你，還是只是這麼說說籠絡你，目的是讓你死心塌地地做事情，甚至是要你替他抗雷做替死鬼。

- 你的團隊成員造成了損失，甚至可能出現內鬼，究竟是誰把事情搞砸了，有沒有人對別人栽贓陷害、造謠生事，甚至頻施暗箭，把搞砸事情的責任扣在他人的頭上？

- 你和客戶進行商務談判，客戶說自己的條件已經是最優惠的了，已經到了底線了，甚至當場做出即使談判破裂也在所不惜的樣子。你想知道客戶是真的不想合作，還是只是做做樣子，目的是為了獲得更好的回報。

……

如果你認真閱讀這套叢書，掌握了書中提供的知識和方法，那麼，身處上述具體情境中的時候，你將可以作出很好的判斷。通過對聲音、表情、身體動作等進行的觀察和對比，你可以瞬間判定，對方是否在講述內心的真實想法。如果對方動作、表情和語言不一致，則很可能說明他說謊了。面對可能潛在的危險，識別謊言可以立刻引起警覺，然後採取相應的措施，避免被他人的表面說法蒙蔽，減少不必要的損失。如果你還希望進一步探尋真相，則可能獲得更大收益。能夠盡可能掌握到真相，你就能更好地掌控自己，甚至可以引導對方，在雙方交往中佔據主動。

也許你為人父母，或為人子女，你還會承擔朋友、戀人、上司、下屬、合作夥伴、競爭對手等社會角色，只要你處於人際關係當中，就需要與他人打交道，只要你有了解他人真實心理狀態的需要，你就都應該懂一點微反應的知識和技術。

與其他所謂的"讀心"類書不同，本套叢書給你的，是那些作為人就無法逃避的微反應線索。

一個人，可能因為知識、閱歷、能力的原因，能夠在內心波濤洶湧的時候做到面不改色，明明很討厭別人卻可以表現出很喜歡。他也許很會演戲，會掩蓋，會"裝"，但是，他無法控制自己的微反應。也就是說，微反應是"裝"不出來的。因為微反應是人類作為一種生物，經過長期進化而遺傳、繼承下來的，是人類實現生存和繁衍的本能反應。為了自我保護和優質繁衍，微反應不受個人思想的控制，因此它最能夠體現人內心的真實想法。再能"裝"的人，遇到有效刺激之後的第一瞬間也會出現微反應，他的"裝"也只能在那之後。因此，微反應是了解一個人內心真實意圖的最準確線索。如果你觀察到了真實的微反應，接着又看到了試圖掩飾和造作的表演，那麼真相已經擺在你的面前。

除了微反應的動作之外，微表情和微語義也是我們研究的重點。微反應主要講的是細微的身體小動作，微表情主要針對臉部的細微表情變化，微語義則是探尋隻言片語後的真實意思。它們幫助我們構建了一個判定他人説法與想法是否一致的立體框架，從而使得我們的判斷更加準確有效。

我們之所以無法有效影響和改變他人，是因為不知道他人內心的真實想法，被他人的語言，以及各種"裝"出來的表情和行為所欺騙。觀察和分析微反應恰恰讓我們握有讀懂他人內心的核武器，讓我們可以看透他人偽裝，發現他人的真實心理，保護自己，準確出擊，最終贏得安全且精彩的生活。

可觀察到的小動作	微反應類型

深吸氣　屏息　放慢呼吸
睜大眼睛　皺眉　面部僵硬
身體呆住不動
雙手拉住　背手　插兜　雙腳併攏

凍結反應
驚訝、拘束

視線轉移　頻繁眨眼　閉眼
輕哼　吹口哨　吁氣
舔嘴唇　磨牙　嚼東西　嗞口水　吸煙
撓頭皮　玩頭髮　搓脖子
摸臉、額、鼻、耳、嘴、下巴
捂住鎖骨　拍胸口　按摩腹部
鬆領帶、領口　玩項鏈、耳環等
搓手　玩手指

安慰反應
不適、壓抑等

深吸氣　臉色發白　全身發冷
視線轉移
腿發顫　跺腳　後退　頭和身體後仰
頭、身體、腳轉向一邊

逃離反應
恐懼、厭惡

抬頭挺胸　揚下巴　半閉眼
低頭　邁小步　動作謹慎
不同的握手和擁抱動作

仰視反應
傲慢、服從

微反應類型	可觀察到的小動作
愛恨反應 喜愛、忌恨	低頭　扭頭　臉紅　手足無措 身體靠近、觸碰或遠離 視線轉移
領地反應 掌控、權威	推　扎膀子　雙手交叉抱臂 雙腳叉開　蹺二郎腿　抖腿　勾腳尖 走路時微晃　身體放鬆 手勢有力　伸食指
戰鬥反應 憤怒、威脅	脖子變粗　呼吸加快　面部僵硬 皺眉　鼻孔出氣　眼睛緊盯對方 身體向前　全身繃緊 握拳　抬頭挺胸　揚下巴　叉腰　揮手 咬牙切齒　伸食指　手指敲擊　跺腳 雙手交叉抱臂　雙腳叉開　聳肩　蹺二郎腿 遮住額頭、眼睛　堵住耳朵　捂嘴　捂臉
勝敗反應 興奮、悲傷	高舉手　跳躍　歡呼　吁氣 抬頭挺胸　伸展身體　搖頭晃腦　動作增多 眼球上翻　肢體下垂、彎曲　低頭　無精打采

微反應

v

目錄

第一章　人人都逃不掉的微反應

每個人在受到有效刺激的一剎那，往往會不由自主地表現出瞬間的不受思維控制的真實反應，這就是微反應。微反應是人類作為一種生物，經過長期進化而遺傳、繼承下來的本能反應，是刻意 "裝" 不出來的，因此是了解一個人內心真實想法的最準確線索。

第二章　幾個重要而細微的理論點

微反應最神奇和高端的價值在於，它能夠準確判斷他人是否說謊。把握對方在有效刺激下露出的情緒破綻，就可以抽絲剝繭，撕破假面，直擊真相，從而及時採取相應措施，避免因對方欺騙而可能帶來的損失。

第三章　注意！千萬別動──凍結反應

> 人在受到意外刺激時，第一反應是減少身體動作，保持瞬間靜止，以便看清突發狀況並判斷對策。從這種身體突然僵住或減弱活動的反應中，可以判斷出對方感到吃驚，隨後可能產生恐懼、憤怒或者喜悅的心理感受。這種意料之外的刺激是非常重要的識謊線索，通常成為攻破對方心理防線的有力武器。

第四章 不怕，不怕──安慰反應

人在受到批評、壓力、否定等負面刺激時，經常無意識地表現出一些尋求安慰的身體微反應，以減緩內心的不適感。這些細微動作可以透露出他們緊張、焦躁、恐懼或者厭惡的負面心理情緒。由於說謊是迫於某種壓力而進行的行為，因此安慰反應在說謊的時候尤其常見且表現得格外明顯。

第五章 走為上策──逃離反應

當人面臨危險、傷害等威脅而又無法戰勝對方時，通常想要做的是快速逃離，以便保全自身。此時他們內心會感到不安、恐懼、厭惡甚至憤怒。預備逃跑時，血液循環會自動將更多的血液從全身其他位置抽離出來，輸送到逃跑用的下肢中，這樣身體其他部位就會出現血液顏色減退，而下肢則表現為肌肉緊張、興奮，甚至輕微顫動。

第六章　服從與合作——仰視反應

> 　　進化積累的本能，使得人會仰視比自己高大的對象，蔑視比自己矮小的對象；同時，人也會本能地儘量抬高自己的身體以建立優勢，或者把自己的身體放低以表示謙卑和服從。所以，觀察一個人的體態高低，可以判斷其內心的真實自我定位。

第七章　喜愛──以愛情的名義説事──愛恨反應

人和人身體間的距離，可以體現出彼此之間的心理距離。從熱戀中情人的親密無間到對厭煩者的避之唯恐不及，身體距離遠近可以透露出內心真實的愛憎傾向。如果兩個人之間的距離始終無法靠近，那麼就可以判斷迴避方的心理狀態為排斥或厭惡。

第八章　這是我的地盤──領地反應

在自己的地盤裏，人享有絕對的權威，會表現得放鬆、自信，感覺被他人尊重、認同。如果有人敢於挑戰自己的領地範圍，則會引起強烈的警覺和反擊。因此，觀察人的姿態和動作，可以判斷出其心中是否具有掌控感；而刻意冒犯掌控者的領地範圍，則能激起強烈的憤怒，使其洩露出更多的內心秘密。

第九章　進攻與防守——戰鬥反應

> 　　當憤怒情緒達到頂峰時，則需要用戰鬥來解決。引發憤怒和戰鬥的原因，無論多麼具體，都可以歸結為生存和繁衍中遇到的威脅，比如"同行是冤家"可以溯源到對生存的威脅，"衝冠一怒為紅顏"可以溯源到對繁衍的威脅。憤怒是所有情緒中表現最為明顯的一種，因此戰鬥反應極難作假，且易於識別。

第十章　勝敗並非常事——勝敗反應

　　戰鬥結束之後，勝利者會產生喜悅、炫耀和放鬆等積極情緒，神經系統處於興奮狀態，因此身體表現出抵抗重力的向上反應；而失敗者神經系統進入壓抑狀態，全身能量喪失，因此看上去垂頭喪氣，身體重心向下並收縮。戰敗的放棄是一種心理崩潰，可以推導出悲傷、長期壓抑等負面情緒。

第一章

人人都逃不掉的微反應

每個人在受到有效刺激的一剎那，往往會不由自主地表現出瞬間的不受思維控制的真實反應，這就是微反應。微反應是人類作為一種生物，經過長期進化而遺傳、繼承下來的本能反應，是刻意"裝"不出來的，因此是了解一個人內心真實想法的最準確線索。

甚麼是微反應

"微反應"的全稱是"心理應激微反應"。它是人們在受到有效刺激的一刹那，不由自主地表現出的不受思維控制的瞬間真實反應。如果要為"微反應"這個心理學領域的新詞找個外國前輩詞彙來對應的話，那它的英文原文應該是"Micro-expressions"（通常譯為"微表情"）。

隨着美國電視劇《別對我說謊》(Lie To Me) 的播出，"Micro-expressions"一詞已被很多國人所熟知。這個詞並不是電視劇生造出來的，在美國，保羅·埃克曼 (Paul Ekman) 教授的著作，如《情緒的解析》、《說謊》等書中就已得到廣泛應用。根據上下文，埃克曼教授確實用它來指面部微表情（時間非常短的或不充分的面部表情），用於判斷被測試人的真實情緒，可用於測謊。

但是，通過查詞典可知，"expression"一詞的中文意思不僅僅指表情，而是涵蓋了表達、表現、詞句等多種意義。分析一個人的真實心理狀態，也不應當僅僅限於面部表情，而應當通過觀察並分析表情、肢體動作、語言意義等被測試人的表現，才能全面判斷。因此，我們在這裏使用"Micro-expressions"一詞，其內涵就不僅僅限於面部的微表情，此處的"expression"一詞更適合於翻譯為"表現"。

表現就不能是故意的嗎？憑甚麼用來判斷心理狀態，甚至還能用來測謊？

研究表明，大部分人體的動作表現都是可以進行主觀控制的，當然也有極少數例外（如瞳孔）。但是，因為人的動物性，在受到刺激的時候所作出的第一反應（各種表現）卻不太容易作假。在刺激有效的情況下，被測試人的最初瞬間反應絕大多數都是不受思維控制的，真實可靠。當然，這些反應很快就都被控制和修正了，且動作幅度很小，這也是為甚麼我們只着重研究微小瞬間反應的原因。

因此，要想讓被測試人表現出真實的心理狀態，需要一個前提條件，即有效的刺激。鑒於針對"有效刺激"的研究與針對"表現"的研究同等重要，不可缺少，我們最終決定用"反應"一詞來涵蓋"刺激—表現"這個完整的過程，並把全部的內容提煉成一個詞，中文叫做"微反應"，英文叫做"Micro-expressions"。

嚴格來講，"微反應"是個廣義的"大詞"，包括三個方面的內容：一是大家耳熟能詳的"微表情"，屬於"面孔微反應"；二是除了表情以外的，其他能夠映射心理狀態的身體動作，也就是常說的"小動作"，可以彆扭地稱為"微動作"，屬於"身體微反應"；三是語言信息本身，包括使用的詞彙、語法以及聲音特徵，稱為"微語義"，屬於"語言微反應"。

但同時，"微反應"在漢語語境下，通常又會讓人直接聯想到身體的動作反應，即前面列舉的第二個方面的內容"微動作"。所以，"微反應"從這個角度講，也可以作為一個狹義的"小詞"，以便更貼近普通人的理解。

這本書中致力探討的，是"身體微反應"，簡稱"微反應"（狹義）。關於微表情和微語義的內容，將會陸續專門撰寫書稿探討。

微反應源於人類本能

在《黑客帝國》系列電影中，幾次出現的經典台詞"人，只是人"（Only human），完美地傳達了關於人類物種那特殊而神奇的奧秘。

人類自身有太多的不足，卻始終無力改變這些本質上的局限。除去不具備飛天遁地這種神奇的本領外（藉助工具實現的情況另當別論），人類即使連自身的思維、情緒甚至身體控制都不能做到盡善盡美。

人，只是諸多生活在地球上的動物種類之一。所有的動物從出生開始，捕食以生存，交配以繁衍，循環不息。這麼大規模的忙忙碌碌，到底為了甚麼呢？動物們並不知道自身存在的意義，它們只是按照某一種指示，努力地活着。

　　人亦如此。所有的事情，不論多麼複雜，多麼高級，不過是為了"活着"，正如動物一樣。

　　動物在求偶的時候，會充滿興奮的能量；領地被侵犯的時候，會憤怒地露出尖牙和利爪；雄霸一方的時候，會昂首挺胸，傲視群雄；鬥敗之際，會低頭伏地，表示順從；遇到同伴時，會交頸而歡，耳鬢廝磨；感受到威脅的時候，會停止動作，豎起身體和耳朵，小心傾聽；突然遇到捕食者時，會拚命逃跑，氣喘吁吁；如果跑不掉，則會體如篩糠，因恐懼而無力抗爭，最終喪失所有的能量成為對方口中之食。

　　這些直接與生存相關的反應，我們人類都有。

　　不過，人類這個種群相比於其他動物而言，卻有些特殊。他們雖然跑得不快，跳得不高，飛不起來也潛不下去，但是他們的頭腦比其他動物發達，所以會學習，會創新，會使用高科技工具。好事也有另一面，因為頭腦靈活，所以人類説謊和欺騙的方式也越發高明。這大概是"神"所作的平衡。

　　不過，人類在受到危及生存和繁衍的威脅時，還是會退回到動物的水平。在這種時候，人的動物性反應將取代人的理性"做作"而獲取控制權，通過種種微小的反應，將內心的情緒和想法展露無疑。

　　如果這個世界有神的話，神應該能掌控一切，至少是掌控自己的一切，所以他們超越了人。但請記住，人不是神。

微反應能準確映射心理狀態

人的所有反應可以大致分為三類：

(1) 可以用"想"來控制的運動，如各種可被控制的骨骼肌運動。

(2) 不能用"想"來控制的運動，如心跳、瞳孔縮放、汗液分泌等（這些反應由自主神經系統控制）。

(3) 一般不用"想"來控制的運動，包括三大類：第一類是身體的一些複雜運動，如打噴嚏、單腳平衡站立時各肌肉的協調等；第二類是習慣動作，長期養成的習慣動作無須思維的參與即可完成，習慣反應是建立判斷基線反應的重要標準；第三類是本能反應，這是進化積累起來的反應，在測謊時最有價值，如遇襲時閉眼縮身，意外時短暫靜止，焦慮時吞嚥口水或者出現尿感、焦急地跺腳，憤怒時肌肉緊繃、鼻孔張大、呼吸加速等。

之所以說這些反應一般不用"想"來控制，是因為經過訓練，有些反應也是可以通過"想"來加以控制的。但是，因為人是動物，這決定了人並不能夠在受到刺激後對自身的反應進行完全控制，只要刺激有效，就一定會有反應。如何才能做到刺激有效？這個問題將在第二章中討論。

人所作出的所有反應，都是在神經系統的指揮下完成的。深度昏迷的人，無法有意識地控制骨骼肌運動；即使是像心跳、胃部的蠕動、腺體的分泌等非隨意運動，也是由自主神經系統控制的。

因此，通過分析人的應激反應，可以逆推人的神經系統狀態和變化。分析的對象包括受刺激時需要動腦子"想"的反應、本能的反應、習慣的反應，以及不能用"想"來控制的自主反應，綜合分析這些反應可以比較準確地判斷出人的真實心理。

分析可以用"想"來控制的動作，可以得知被測試人想要表現出甚麼內容，即使是表演也沒有關係，我們將分析結果稱為 A。

分析不能用"想"來控制的運動，可以得知被測試人的真實心理狀態，我們將分析結果稱為 B，這種反應最真實。

分析習慣動作或者本能反應，只要刺激是有效的，它的可信度與 B 幾乎相同。但是一般來講，人會試圖掩飾負面的本能反應，所以要特別注意觀察其最初的短暫應激反應，以及隨後試圖掩飾的反應，分析其中的真與假和存在的矛盾。我們將分析結果稱為 C。

最後，除了要注重各個結果之外，還要更注重 A、B、C 之間存在的矛盾之處，最終獲取真相。如圖 1-1 所示。

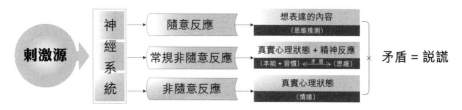

圖 1-1　從刺激源到結論的流程

綜上，只要被觀察人出現了應激反應，就可以通過分析其應激反應的種類歸屬（可控的、不可控的、一般不可控的），來判斷神經系統的狀態和變化，再結合具體情境進行綜合分析，最後可得被觀察人的真實心理狀態。

破綻

我來列舉一些人類的經典反應。

被心愛的人接受那一瞬間，心頭鹿撞；而愛情的欺騙和背叛，又會讓你捏緊拳頭。心接受批評和教誨時，卻會不由自主地低下頭。試想一下，你能在心悅誠服的時候，抬起頭來不屑地"喊"一下嗎？

經年好友的突然出現，會讓你嘴巴和眼睛同時張大，繼而歡呼雀躍；要是把好友換成殭屍呢？嘴張得還是一樣大，卻是驚聲尖叫，試圖拔腿狂奔。

被上級主管抓住不軌行為，手足無措；僥倖逃過的話，吐吐舌頭，長舒口氣。

幾經努力爭取，一旦得手，眉飛色舞；一旦失去，連翹翹嘴角的力量也隨之消逝。

如果你願意，還可以列舉出更多的情形。但是現在，請回答我兩個問題：

第一，上面的反應，對你而言，曾經出現過多少？

第二個問題則更有意思：上面這些反應，全部都是你"想"要做的嗎？

"想"，不是萬能的。

恰恰相反，人能活着，更多不是靠"想"的。

從出生開始，我們就天生會一些本領，比如張開嘴吮吸，在媽媽的乳房上尋找甘甜的乳汁。我的兒子在不到兩歲的時候，如果被我搶走了玩具，就會快速跺着雙腳，高聲向我喊："給我！"這話是我特意教會的，怕的是將來上幼兒園被其他小朋友欺負，但跺腳的動作，卻從沒有人教過他。

隨着對知識的接受和儲備，我們逐步學會了記憶、分析和評價。隨着對社會生活的學習，我們掌握了越來越多的高級本領，比如遵守規範、舉止禮貌。但無論如何，很多反應還是根深蒂固地固化在我們的身體中，有些是本能，有些是習慣。

當你遇到害怕的事情時，會不會出現下面的某些反應？

屏住呼吸，心跳加速，冷汗不自覺地冒出來少許。臉色發白，劇烈一點還會有想吐的感覺，會覺得有點冷。肌肉可能會不由自主地顫動。想儘量遠離那個可怕的東西，如果不能動，至少也會把身體後仰或者轉向另一個方向。抱起身邊的書本或者坐墊，擋住可怕的東西，才能讓自己覺得安全和溫暖。

當你遇到高興的事情時，會不會出現下面的某些反應？

呼吸不會拘束了，變得自由而有力度，心跳也會加速。不自覺地眉開眼笑。好事太大了，還會把雙手高高舉起，挺拔着身體，也許還會跳起來歡呼，渾身舒暢。條件允許的話，也許你會衝過去抱住你喜歡的東西或人。反正，總不會背過身去撇着嘴吧？

是不是覺得很有意思？一定會這樣嗎？所有人都會這樣嗎？也許你還會問，我要是故意控制住不作這些反應行不行？

簡單試試就知道，刻意的話，還是可以控制的。但同時我相信，你很吃力，因為控制住這種真實的反應是一個很複雜也很苛刻的過程：

首先要做到不意外。要預先知道會出現某種刺激，然後決定要控制住自己。

然後要做到不在意。不管刺激如何，都要接受這種刺激，快速分析這種刺激的性質（利或害）和力度。

再然後要做到不反應。通過感知和思考，把你能找到的可能的身體反應一一制止。沒準兒還有遺漏。

最後再覆查一遍，自己是不是有沒管住的地方，補充完善。

真的控制住了，滿意了嗎？那麼接下來你聽我說：從你僵硬的身體和呆板的表情來判斷，你很不正常，應該隱藏了甚麼不希望人知道的事情。這麼高興（或者驚悚）的事情，你居然沒反應？

這些，就是破綻。

而破綻的必然存在，正是觀察微反應可以洞察內心的基石。

自我控制能力

雖然我們不能避免破綻百出，但是我們可以向兩個方向努力：

其一是儘量學會控制自己的身體，減少不必要的破綻；其二是盡可能多地了解這些破綻，減少被他人蒙騙的情況發生。

控制自己的身體，有兩層含義。

一種是肌肉的運動控制能力，讓動作可以保持精準而熟練。從這個角度講，舞蹈演員，尤其是古典舞蹈演員，以及運動員，比如武術、體操等講求精緻的項目的運動員，具備比較好的肢體控制能力。

但這種能力並不是重點。控制身體的另外一層含義是控制應變能力，讓神經系統可以處變不驚。處變不驚，翻譯成白話文就是"受了刺激覺得沒甚麼"。

比如說：表演時，不擔心觀眾否定自己，名聲掃地從而影響了光輝遠大的"藝術事業"；體育比賽前，不害怕輸掉後噓聲一片，數月辛苦與獎金、廣告一併付之東流；演講時，不害怕被民眾質疑而聲名狼藉，政治生命就此一蹶不振；談判時，不擔心判斷失誤或不夠誠懇而損失慘重；就算看到形容恐怖的妖魔鬼怪，也要清爽而從容地告訴自己，這世上哪有超越生物規則和物理規則的怪力亂神！

上述種種，真能做到處變不驚的，有三種情況：最高者，超脫得失。得到不喜，失去不惜（包括生命）。這個基本接近神的境界了。中間者，經歷豐富，積澱深厚，有比較靠譜的自信心。能做到這一點的，就已經不是普通人了。最低者，自我催眠，強迫自己相信本不是事實的情況。其實，這個更難，也許精神上患有疾病的部分人士，可以完全（注意這個副詞）做到。

在觀察別人內心的時候，這三類人是最難對付的。厲害的政客屬於第二種，高超的演員屬於第三種，第一種至今還不多見。

關於第三種人，我並沒有暗諷"演員是精神病"的意思，而是說專業表演訓練必定採用俄國戲劇大師斯坦尼斯拉夫斯基（Stanislavski）的"斯氏體系"，主張角色體驗，忘卻自我，使演員與角色合一。所以，我說的是"高超的演員"，不包括那些"混個臉熟"的傢伙。

總之，實現好的自我控制，是需要下工夫的，不但要克服困難重重的過程，還要承受運氣不夠好而帶來的無果。成本太大，風險太大。而且，請相信我，即使你已經成為了隱藏自我的高手，也逃不出動物類求生的本能規則。只要找到有效的刺激，作為人類的你，就一定會出現破綻，藏無可藏。

也正因為如此，掌握如何有效刺激你想要了解的人，就可以抓住他的破綻，這相對於學習如何控制自己的反應而言要容易很多，因為這些知識是科學。科學有兩個特徵，可驗證，可推廣。如果能準確發現他人的破綻，繼而了解他們的真實想法，你就可以"扮演上帝"。而這本書，可以教會你怎樣"扮演上帝"。

人具有的 8 種微反應

在本書後面的章節中，我們將為你解讀人所具有的各種微反應，其中：

凍結反應（第三章），是人在受到意外刺激時的第一反應。突如其來的刺激，會讓人瞬間出現短暫的停頓，用來看清狀況，判斷對策。如果在一個問題後，對方出現瞬間的行為停滯，說明這個問題讓對方感到意外，意外的刺激是打破對方心理防線的有效手段。

安慰反應（第四章），是人受到負面刺激（批評、壓力、否定等）後可能出現的反應。安慰反應在說謊的時候尤其常見且明顯，因為說謊是迫於某種壓力而進行的行為。如果對話的情境可以確定存在某種壓力，那麼安慰反應可以映射出此人當時的內心狀態——不舒適。

逃離反應（第五章），是人感受到厭惡或恐懼的時候產生的反應。如果面對的刺激具有威脅性（可能傷害到自己），而自己又沒有改變局面的信心，則會出現逃離反應。遠古時代的逃離是跑，現代社會的逃離則多數比較隱晦。出現逃離反應，可以判斷出行為人內心對刺激源所持的負面心態——厭惡或恐懼。

仰視反應（第六章），是對自己能力高低、地位差異、勝敗預測、優劣定位進行判斷後的反應。進化積累的本能，使得人會仰視比自己高大的對象，蔑視比自己矮小的對象；反之，人也會本能地儘量抬高自己的身體以期建立優勢，也會在"認慫"的時候，把自己的身體放低。所以，觀察一個人的體態高低，可以判斷其內心的自我定位。

愛恨反應（第七章），是人際之間心理距離的兩個極端——愛和恨所主導產生的反應。愛的時候會希望對方也能愛，會擔心對方不愛；恨的時候會主動拉開距離，會咬牙切齒地質問"為甚麼不愛我"，還會做出更瘋狂的舉動。身體間的距離，可以體現人和人之間的心理距離，人的某些行為，也可以體現出其內心的喜愛與厭惡。

領地反應（第八章），是人在自己的"領地"中所表現出來的領導風範。自己的地盤裏，人會表現得放鬆、自在、威嚴，還可以絲毫不費力地指揮。如果有人敢於挑戰自己的領地範圍，則會引起強烈的警覺和反擊。觀察人的姿態和動作，可以判斷出其內心是否具有安全感，而挑戰對方心中設定的領地範圍，可以激起強烈的憤怒，這些可以幫助建立心理測試中的有效刺激。

戰鬥反應（第九章），是憤怒的最強體現。引發憤怒和戰鬥的原因，無論多麼具體，都可以歸結為生存和繁衍中遇到的威脅，比如"同行是冤家"可以溯源到對生存的威脅，"衝冠一怒為紅顏"則可以溯源到對繁衍的威脅。一旦戰鬥反應出現，除了可以逆推出憤怒情緒之外，還可以預見到"不會輕易放棄"的行為趨勢。

勝敗反應（第十章），是戰鬥結束之後的表現。勝利的人趾高氣昂，失敗的人垂頭喪氣。如果經過戰鬥之後，觀察到被測試人的勝敗反應，則可以用來分析此人心態，還可以預測事情未來的走向。

了解了各種微反應，就能夠在具體的情境下對他人的情緒和心理作出準確的判斷。而準確把握了他人的心意，也就可以相應採取最有效的應對措施。

在講述具體的微反應之前，在第二章中我們提供了一些簡單而重要的理論知識點，幫助你建立起基本的分析框架。

現在，就讓我們開始吧！

第二章

幾個重要而細微的理論點

微反應最神奇和高端的價值在於，它能夠準確判斷他人是否說謊。把握對方在有效刺激下露出的情緒破綻，就可以抽絲剝繭，撕破假面，直擊真相，從而及時採取相應措施，避免因對方欺騙而可能帶來的損失。

在開始對微反應進行系統分析介紹前，我們需要對本書涉及的相關理論知識點作簡要說明。在閱讀後面的相關章節時，如果你遇到了疑惑和困難，也可以再回過頭來，從這一章裏查找你可能需要的內容。

關於說謊

微反應研究最神奇的地方，也是它最高端的價值，是能夠分析他人是否說謊。也就是說，可以判明對方所說的是否就是其所想的，從而為自己的應對找到依據，採取相應的措施。

1、甚麼是說謊

心理學家們在心理學研究範疇中對謊言作出過很多種定義，每種定義都各具其合理性，而且，為了尋求學術上的縝密，專家們對定義的表述又都相對複雜或晦澀。有的論證到極端的時候，竟然發現表演魔術完全符合說謊的定義，還要特別把它作為例外剔除。

學術的嚴謹很多時候是怕被同行挑錯，其實說謊是甚麼，大家心裏都有數。所以我在這本書裏不求百分之百的嚴謹，只是簡單地定義為，說謊就是故意把假的信息傳達給別人。根據說謊者的需求，謊言的表達形式有很多，從一言不發到滔滔不絕，從一個眼神到連篇累牘的滿紙文字，都可以是謊言。

2、說謊的類型

說謊從形式上大致可以分成兩種，一種是否認真實的信息，"不知道"或者"不是這樣的"，學術上稱為"掩藏型說謊"；另一種是編造虛假的信息來代替真實的信息，把黑說成白，或者把黑說成有點黑也有點白，學術上稱為"捏造型說謊"。

3、説謊的目的

　　説謊的形式非常複雜，但目的卻是簡單的四個字——趨利避害。説謊，要麼就是為了逃避危害（批評、損失甚至懲罰），有個壞東西擺在那，説真話就得倒霉，説假話就有機會規避；要麼就是為了獲得利益（獎勵、收益以及被喜愛），有個好東西擺在那，説真話就肯定沒份，説假話就有機會得手。

　　趨利和避害都會存在掩藏與捏造的情況。根據我們的測試和實驗統計，在趨利中，捏造的情況更多，而且是捏造事實以提高自己的情況居多；在避害中，否認的情況更多些，將對自己不好的信息都掩藏起來或者否認掉，當然，捏造的情況也不少，一般會是捏造與事實不同的信息或者把負面信息的主體更換成別人，進行責任推卸和轉移。如圖 2-1。

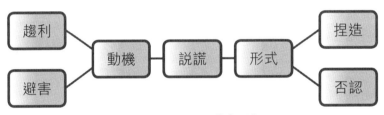

圖 2-1　説謊的動機與形式

4、説謊的形式

　　謊言是經過思維和推導之後的複雜反應，歸屬於大腦中的高級功能管理，其邏輯複雜程度非常之高，下面我們來看幾個例子。

　　問題：你是不是獲得過專業比賽的冠軍？（積極信息）

　　説謊的回答：是。

對這個問題的回答屬於捏造，目的是趨利。因為這個專業比賽冠軍的頭銜，能夠帶來更多的收益（精神的被崇拜和被喜愛，或者物質的獎勵）。

如果回答"沒有"，那麼說謊的可能性就比較小。否認自己擁有這種好的頭銜，不能趨利，不能避害，沒有說謊動機。

問題：你是不是偷偷挪用過公司的錢給自己消費？（負面信息）

說謊的回答：沒有。

直接否認負面信息，目的是避害，逃避可能面臨的懲罰（精神層面的不信任，或者物質層面的處罰、開除）。

如果回答"是"，那麼說謊的可能性就比較小。承認自己犯過錯誤，會引起懲罰，或者失去獲得利益的機會，沒有說謊的動機。

不過，上面的兩個例子，只是一層邏輯的直接判斷，如果事件本身的規則就很複雜，或者被測試人有甚麼宏大的欺騙計劃，則還需要具體問題具體分析。

現在讓我們把上面的兩個謊言複雜化一些。我們會發現，當問道第一個問題"你是不是獲得過專業比賽的冠軍"時，如果對方回答"沒有"，那也不一定就是實話。因為可能存在這樣的一種規則，只有非職業選手才能參加這項比賽，大家都是業餘的，比賽選手在同一水平區間內，比賽勝利了，獎金很豐厚。這個時候，就會出現專業的選手隱藏自己的履歷，以強欺弱，獲得好處。趨利！

而對於第二道問題"你是不是偷偷挪用過公司的錢給自己消費"，如果被測試人回答"是"，也有可能是在說謊。真實情況可能是，錢是朋友（兒子、老婆、女友、上司）挪用的，自己很乾淨，但是為了保護朋友（朋友安全潛伏下去能夠獲得更大的利益），實現更大的利益，自己認也就認了。傳說中老大作案，小弟自己跳出來頂包就是這種情況。這樣可以迅速擺平整個事情，不但自己將來能上位，全家老小也能得到很好的照顧，否則的話，自己和家人還可能遭到迫害。這種複雜規則下的說謊，趨利和避害兼具。

需要判斷的兩件事

看過上面的例子，你是不是覺得有點恐怖？怎麼同樣一個問題怎麼答都有可能是說謊啊？

先別害怕。問題和答案都很簡單，複雜的不是怎麼說謊，而是在甚麼情境中說謊。一般不會有人能清楚地告訴你前前後後都發生了甚麼事情，所以，一切要靠自己來判斷。

需要判斷的第一件事是：甚麼情況？用英文講叫 WHAT。再具體點說，就是在提問測謊之前發生過甚麼事？在測謊結論出來之後（包括結論正確和結論錯誤兩種情況）將會產生甚麼結果？誰最終可能得利？誰最終可能受損？

這樣一來要調查的信息很多，也會存在一定的虛假信息，因此，在掌握盡可能多的背景信息的基礎上進行細緻甄別也是件很重要的事。

需要判斷的第二件事是：測試誰？用英文講叫 WHO。不過這裏的 WHO 不是指圈定嫌疑人範圍，而是指接受謊言測試者的具體情況，包括性格、行為習慣、成長和教育經歷、曾經做過的有代表性的事情、在整件事情中處於甚麼位置（關係網絡中的位置）等等。本書內容會讓你確信，不同的人說謊的方式是不同的。

判斷完以上兩件事後，你就只需要集中考慮此人有沒有說謊

以下三類：

（1）腦高級功能，必須操心，比如說謊，比如中國人學英語。

（2）腦中級功能，一般不需要操心，比如呼吸、走路、跑步、眨眼、咀嚼等等。這一類行為很有意思，一般不需要操心，如果你想操操心，還是能夠控制的。但是，人在被逼急了的時候，大多又操不了這份心。

（3）腦低級功能，完全不用操心，比如心跳，比如吃完了飯之後的消化過程。

話說到這個份兒上，我們就可以開始總結一下了：

腦高級功能的行為容易作假，在觀察是否說謊的時候最不能相信。比如說話，所有的話都是大腦編排好的，只要說得出來，就是人家設計好了想讓你知道的。這樣的行為在觀察過程中可信度的優先級反而最低。

腦中級功能的行為可以作假，所以需要使用一定的方法來過濾作假行為。甚麼方法可以過濾呢？那就是把人逼急了，讓對方回到像動物一樣的原始自我保護狀態，這種狀態是真實心理反應。好在這一類行為很靠近原始狀態（因為一般不用操心），所以我們肯定可以做得到。用術語講，叫做有效刺激。這一類行為在觀察過程中可信度的優先級最高。

腦低級功能的行為雖然不用操心，但也不是完全不能作假，比如故意想讓自己心跳加快，只要猛地憋一口氣，把全身肌肉繃緊幾秒鐘就可以了。甚至有的學者專門研究並證實了一種能夠輕鬆破壞測謊儀監測數據的方法，這就是為甚麼傳統的測謊儀（專業名詞叫"多道心理記錄儀"）和測謊方式不能非常準確的原因。不過這一類的表現中有些也難作假，比如瞳孔的縮放，後面的內容中會詳細介紹。

由於最後這一類跡象很難被測試人員用視覺和聽覺的方式感受到，所以在微反應分析過程中，並不常用。

刺激與情緒

怎麼樣才能製造有效刺激呢？

首先，得把直接危害別人健康甚至生命的行為排除在外，畢竟現在是文明社會，大家都是文明人。

那怎麼辦？

情緒，要抓住情緒。

情緒是人內心深處的原始反饋，是直接與動物性的生存、繁衍需求相關的神經系統反應。人如果沒有情緒，就是機器人；人如果全部都由情緒主導，就是低級動物。每個人都會有情緒。同樣一個刺激，一千個人會有一千種情緒反應（沒反應也算一種）；另一方面，每個人也都會有"關心則亂"的刺激源。

人類常見的情緒有（排名不分先後，也不分簡單和複雜）：平靜、滿足、得意、高興；驚訝、輕蔑、厭惡、擔憂、恐懼、憤怒、威脅、恨；不悅、委屈、慚愧、為難、尷尬、悲傷、悲痛等。

情緒是真實的心理反應，刺激有效的前提下，人就會產生情緒。但是，有的人即使被刺激了，表面上看起來也會波瀾不驚，很難被觀察到。

很難被觀察到，並不是觀察不到。

完全沒有反應，說明刺激不夠有效，應繼續加大刺激力度或更改刺激源；當然還有一種可能，就是那傢伙服用了鎮靜劑或者神經系統有疾病。

更多的人屬於另外一種情況——快速調整。在受到有效刺激的最初瞬間他們出現的反應非常真實，但隨後會很快控制住自己的反應，甚至改變和偽裝成另外一種反應，還要故意表現給你看，讓你印象深刻。那一點點真實的反應，時間很短、幅度很小，而且因為人人都有，見慣不驚，不足為奇，不以為意，很容易被忽略。但這些微小的反應才是重點，通過分析它們才有可能獲取真相。

所以，如何分辨情緒反應以及它們的真假，則成為了新的更高級別的問題。

情緒與能量

情緒的作假可從種類和程度兩個方面來分析。

該憤怒的時候卻貌似微笑；該恐懼的時候卻貌似憤怒；該高興的時候卻貌似悲傷（惋惜），這種情緒種類錯位相對容易分辨。

分析情緒的真假，難在對程度的判斷。反應程度太小或者太大，都會讓人不太容易確定反應是不是真的。

那怎麼辦？

我們可以遵循情緒和能量匹配原則。

情緒是需要消耗能量的。與情緒所引發的反應（肌肉運動）需要的能量相比，情緒需要消耗的能量更大。小刺激產生的情緒程度輕，情緒需要的能量小，表現出來的動作幅度就應該小，時間短；大刺激產生的情緒程度重，情緒需要的能量大，動作的幅度就應該大，時間相對長。

因此，表現出來的反應如果與刺激的程度不匹配，就是在作假。

幾個概念

被測試人：指所有通過微反應進行觀察分析的對象，比如某個你希望看出是否在説謊的人，不僅僅包括真的測謊過程中那個可憐（或者可恨）的嫌疑人。

行為人：有的時候，本書中為了説明一些動作和反應，會使用"行為人"這樣一個詞，來避免把無辜的人推到被測試人的位置上。

刺激源：指能夠給被測試人產生刺激的任何信息，可能是提問題的人，可能是問題本身，可能是一句話，也可能是一幅圖或者一段視頻。一切皆有可能。

基線反應

基線反應是一個人自身的本能反應或者習慣性反應。在每一次測試開始的時候，我們都會設計一些無關痛癢的問題（沒有利害關係的問題），觀察被測試人在回答這些問題時的反應，比如思考時的反應、計算時的反應、輕蔑時的反應、憤怒或者悲傷時的反應、得意時的反應等等。

由於這些問題與被測試人心裏想要隱瞞的事實沒甚麼關係，所以反應相對真實，可以作為後面測試分析的判斷依據。這些反應就是基線反應。

例如，我們可以先在聊天的時候，問及下面的問題：列舉 5 位最喜歡的公眾人物。

評價某個以醜態而著名的網絡人物。你的眼睛很漂亮，自己怎麼看？或者，也可以讓被測試人觀看一組南京大屠殺的歷史圖片……

在接下來測試核心題目時，如果被測試人在遇到可能產生相同情緒的題目時，出現了與基線反應不同的異動，可以設置為重點關注的線索。因為，在這個問題上，他很有可能說了謊。

因此，在判斷觀察對象是否說謊的時候，最重要的是要將觀察對象的反應與基線反應進行對比，如果出現了差異，則很可能對方說謊了，他的真實意圖並不如其所說。

將各種反應與基線反應進行對比，這是判斷觀察對象真實心理和情緒的基礎。

微反應分析方程式

心理測試是一件比較複雜的事情，尤其對於初學者而言，一般都會感覺無處下手。而且因為可用於分析的標準很多，更多的人會在開始的時候，集中精力學習那些表現出來的反應，從而忽略整個分析體系。

因此，我們在這裏把整個分析過程轉變為三個方程式。

一級方程式：被測試人 + 刺激源（X）= 微反應

二級方程式：情緒（Y）= 過濾分析［微反應］（註："過濾分析［ ］"是個函數）

三級方程式：刺激源（X）+ 真相（WHY）= 情緒（Y）

那麼，解方程式的過程，也就是獲知真相的過程，如下：

（1）解一級方程式：微反應是觀察到的，無論真假，記錄即可；刺激源 X 是設計好的或者觀察到的，記錄即可。

（2）解二級方程式：通過分析微反應解得 Y 值，也就是情緒。

（3）解三級方程式：比較和分析 Y 與 X 之間的邏輯關係，解得WHY 值，也就是事實真相。

測試案例

現在舉個簡單的小例子，以加深大家的理解。先把真相公佈出來，假設這是我們確定的，沒有爭議。

真相（WHY）：男朋友腳踏兩隻船了。

然後記錄下測試的一些參數：

被測試人：男朋友。

測試環境：女朋友在場；男方害怕女方知道真相。

刺激源：另外一個女孩突然出現，並向男方表現親昵。

微反應（X）：驚訝、瞳孔縮小、手足無措、臉色蒼白、結巴。

表面反應："這是我的同學，來借書的。"

下面我們來解一下這道方程式：

(1) 過濾分析微反應可知情緒（Y）值，即男方出現恐懼、尷尬、驚訝等負面情緒。

(2) 為甚麼這個女孩來了，會讓他出現如此複雜的情緒呢？我們來分析真相（WHY）值：

a 他沒想到她會來（驚訝）；

b 他不想在這個時候見到她（瞳孔縮小）；

c 他不知道該怎麼介紹她（尷尬，手足無措）；

d 他害怕女朋友知道真相（恐懼，臉色蒼白）；

e 他還沒有想好如何完美地解釋這種局面（結巴）。

真相（WHY）值已經解得：若心裏沒鬼，清清白白的，會這樣嗎？他說"這是我的同學，來借書的"，明顯是在説謊，以掩飾內心的真實情緒。

要注意的是方程式中的變量和數學中的方程式變量不同。數學方程式變量是未知的，這裏的方程式變量表示有價值的分析線索，可以是已知的，但很重要，當然也可以是未知的。

第三章

注意！千萬別動
——凍結反應

人在受到意外刺激時，第一反應是減少身體動
作，保持瞬間靜止，以便看清突發狀況並判斷對
策。從這種身體突然僵住或減弱活動的反應中，
可以判斷出對方感到吃驚，隨後可能產生恐懼、
憤怒或者喜悅的心理感受。這種意料之外的刺激
是非常重要的識謊線索，通常成為攻破對方心理
防線的有力武器。

長期的進化使人類像動物一樣，在遇到意外刺激的時候，會在第一個瞬間，非常非常短的瞬間，保持靜止不動，我們稱之為凍結反應。

凍結反應的原理

動物需要生存，對大自然的第一需求就是食物，有的吃草，有的吃肉。動物要吃肉，必須經過捕捉和搏鬥，弱肉強食。

捕獵者和被獵者，都對運動的物體特別敏感。這是在長期的生死鬥爭中進化出的一項強大的本領。動物敏銳的感覺器官，可以綜合通過聲音、視覺、氣味甚至空氣的流動來感受物體的運動。捕獵者容易觀察到逃離的對象，被獵者容易觀察到快速逼近的獵手。

青蛙大概是這項進化的極致物種，牠們的眼睛對於飛行或跳躍中的小昆蟲，能夠精準地計算其軌跡並準確捕獲，但由於牠們的眼睛不會關注靜止的昆蟲，所以就算給牠們的周圍擺上若干新鮮的死蒼蠅，牠們還是因為不能食用而餓死。

一頭羚羊正在烈日炎炎的大草原上悠閒地吃草，突然感受到空氣的流動發生了細微的變化，同時還夾雜着些許食肉動物的腥氣撲鼻而來。這時候，牠一定會停下所有的動作，將頭抬高（大部分感受器官都集中在頭部），儘量用眼睛、鼻子、耳朵和身上的每一根毛髮來判斷：

有沒有危險？

危險來自甚麼動物？

牠們有多少？

牠們的速度有多快？

牠們距離自己還有多遠？

我們的群體能不能保證自己的安全？

需要逃跑，還是戰鬥？

往哪裏跑，不會中埋伏？

……

這麼多的問題，需要在一秒鐘以內判斷出個大致結果（對於動物來説，更多的判斷不是使用大腦思考），否則就可能讓自己葬身敵腹。

經過逐代的進化，人類也在積累着這種本能的反應。在感覺到意外刺激的時候，首先減少動作，保持靜止，也就是出現凍結反應，雖然很短，但很重要。隨後快速對局面作出分析和判斷，最後才是採取相應的行動。

這件事情實在很不容易，因此會在刹那間消耗掉神經系統的全部力量，神經系統的高度集中，會使得身體的其他運動大量減少，甚至停止。一方面是因為神經系統無暇顧及，並通過減少或停止運動以減輕自身負擔；另一方面也是為了謀定而後動，不必要的動作可能會在情況未知的局面下闖禍。你説，此情此景，還有沒有可能抖手抖腳地做些多餘的動作呢？

驚

意外，也就是出乎被測試人的意料之外，是刺激源有效的必備條件。意外造成的最直接結果就是驚訝，緊隨驚訝之後而來的，可能是恐懼（準備逃跑）、憤怒（準備戰鬥），或者喜悦。

你能想像一個人驚訝的樣子嗎？

對，那個呆住的樣子就在你的頭腦裏（如圖 3-1）：眉毛挑高，眼睛睜大，嘴巴不自覺地張開（漫畫裏，為了追求誇張效果，下巴

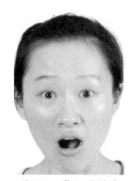

圖 3-1　驚訝的樣子

圖 3-2　驚訝之後的厭惡

還可能重重地砸在地上），整個人瞬間呆住（也許很短），那一刻沒有任何其他動作。

不過，真能作出這麼明顯驚訝反應的人，在現實生活中是不多的。在遇到有效刺激的時候，更多的人只會輕微睜大雙眼，有可能嘴巴會張開，倒吸一小口氣，而沒有其他的過分表現。

而且，如果被測試人內心早就對某個問題有防備或者抵觸情緒，在遇到相關負面刺激的時候（自己不想被問到的問題，或者沒想到對方會知道這樣的問題），真正的吃驚反應很短很小，幾乎肉眼不可察覺（但還是有）。隨後則多表現為皺緊雙眉，表示嚴重關注。大家可以想像一下兩種反應的潛台詞：標準吃驚的潛台詞是"啊？"後面這種吃驚的潛台詞是"嗯？"心裏在想"他怎麼會知道"或者"他怎麼問這個問題"。其實，後面的皺眉反應，表現的是繼驚訝之後的不悅或者厭惡。如圖 3-2。

驚訝的那一瞬間，是神經系統集中全部能力處理複雜信息的救命時間。意料之外的刺激，是超出被測試人意識控制之外的新信息，被測試人根本無法知道這個刺激會帶來甚麼結果。長期的生存壓力進化出保命的本領，被測試人需要在最短的時間裏判斷出刺激源的性質和力度，然後採取相應的措施來化解這個刺激。

試着設想一個場景：如果有人和秘密情人正在家裏"商討一些事情"，突然聽到提早一天出差回來的老婆敲門，他們兩個人最初的那一瞬間（不到一秒鐘）會是甚麼反應？肯定不是立即匆忙整理和解釋或逃跑，因為那已經是呆住片刻之後所採取的補救措施了。

當然也有讓人高興的刺激出現凍結反應的情況：比如你所仰慕的導師突然打來電話，告訴你排名在你前面的那個同學自己放棄了，你可以準備讀研究生了，你在聽到這個消息的第一瞬間，會是甚麼反應？應該不是直接道謝並興高采烈吧？如果那樣，會讓老師覺得你很有準備的樣子。就是那不到一秒的驚訝之後，喜悅、激動和感謝才會噴湧而出。

明顯的凍結反應

1、最古老的凍結——跪叩

中國古代的禮儀規則紛繁複雜，尤其是見君主之前，還需要專門機構來培訓，因為如果禮儀犯了錯誤，會引起非常嚴重的後果。

諸多古老的禮儀中，最為中國人所熟悉的是下跪叩首。叩首，説得直白一點就是跪下磕頭。跪下磕頭的禮儀曾一度被認定為是封建餘孽，目前除了子孫輩的給長輩行禮用外，已經從社會禮儀中剔除了。

其實，跪叩不是人造出來的禮儀動作，而是進化產生的求生本領，是本能的自我保護動作。

跪下，膝蓋着地，能夠降低重心，防止頭和軀幹在意外過程中嚴重摔傷，但另一方面則不能逃跑，不能攻擊，屬完全的消極等待；叩首更妙，把頭直接放在地上（已經最低了），還要用手擋在腦後（這個動作後來可能被禮儀改進了），保證不會出意外的危險。而且，通過這一跪一叩，還完美地把胸部、腹部以及生殖器等要害部位全部藏好，避免了最脆弱的地方受傷害的可能。這麼完美的防護動作，絕不是拍腦袋能想出來的。

當然，這個求生的動作後來被統治者看上，並提升做了禮儀也很有道理。畢竟，上級站着，下級在地上做出這麼個樣子，會讓雙方都感覺到巨大的差異並心安理得地接受。差異越大，社會層級結構就越牢固，統治起來也就越容易。

可以想見，皇帝一發火，不用説粗口，捱批的大臣就馬上輕車熟路地做出一整套下跪叩首的動作。看似禮儀嚴格，尊重到極致，其實還有些先天的動力使然。

2、標準的凍結——整個身體僵住

在遇到危險的時候，如果還不能確定傷害來自何方、傷到哪裏，身體最直接的反應不是逃跑，而是停在那裏不動，出現凍結反應。

比如打籃球的時候，一群業餘選手衝進籃板下面的三秒區內，等着投籃之後搶籃板。如果籃球磕框彈起，作勢下砸，就會有膽小的傢伙低頭弓背，停在那裏不敢亂動。他擔心的是，如果這個時候亂動，沒準砸到更要害的部位（比如後腦），還不如就定在這，大不了砸一下後背或屁股。

這種為了避免更大傷害的身體凍結反應還有很多，本書不一一列舉。除此之外，心理受到意外刺激的時候（刺激源往往是意外的信息），也會出現幾乎相同的凍結反應。

測試案例

在學校裏面，學生最關心的是成績，即使是在“自由”的大學中，也是如此。

為了拍攝到一手的凍結反應視頻數據，我們在實驗室開會的時候，設計了一個小的惡作劇。從考試成績名單中，挑選出了5名成績最好的學生，還有5名成績最差的學生（但都及格了），然後安排好負責拍攝的助教人員，準備妥當後開始執行。

一進教室，所有的學生還是像往常一樣各自安閒，有幾個學生稍顯緊張，我拿眼睛一掃，大致上都是成績剛剛超過及格線的那幾個，估計是他們沒甚麼自信，所以用期待的眼光看着我。

我先是用提高了的音量唸出了前5名學生的姓名，然後當着全班同學的面，説道：“你們怎麼考的，這次怎麼會沒及格呢？！”

話音都還沒落，全班都安靜了（群體性凍結反應），一致把目光投向我（希望獲取更多信息）。因為這個消息太意外了，所有的人都沒想到，這幾個平常的好學生，居然這次考試沒及格。瞬間過後，有的人緩過來得比較快（可能是因為跟他們沒甚麼關係），一部分人還是緊張地等待着接下來會發生甚麼。

視頻所拍攝到的那5個人的反應，非常經典。5個人全部都在第一瞬間出現了典型的吃驚表情，身體的所有動作都停了下來。片刻過後（不到一秒鐘），改變最快的是他們臉上的表情（恢復正常），因為大家平時成績都還不錯，所以自信心比較強（這也是為甚麼會非常意外的原因），自控能力比較好，不會表現得神情失常。但是隨後，這 5 個人的表情又不約而同地呈現出前面所描述過的關注和懷疑神情（最典型特徵是皺眉）。隨後，5 個人恢復了神智，有人起身要朝我走過來，有人在座位上要和我說話。我抬手阻止了他們。

然後，我接着唸出了另外 5 個人的姓名，也就是成績比較差的那 5 位。視頻中記錄的反應是，這 5 個人的凍結時間相對短了很多，臉上的表情也沒有剛才那麼明顯。然後，大家都不約而同地進行了眼神交流，流露出了少許悲傷的表情和反應。也許是因為他們的成績低已經預先被大家所知道，班裏的其他人也沒有那麼關注了，該幹嗎幹嗎（而且在前一個刺激之後，這個消息已經沒有任何意外的刺激力度了）。但是，按照大學中的慣例，這 5 位也沒有馬上接受這個結果，還是表現出了要爭取一下的行動，紛紛起身。

當然，隨後在辦公室中，我馬上給他們解釋了這個實驗的真相，大家都鬆了一口氣，整個實驗結束。

通過這個實驗，我們提出了一個重要的假設：意外刺激的力度越大，凍結反應的幅度和時間長度越大，二者成正比。在隨後的諸多測試中，大量測試結果也正在不斷地驗證着這個假設。

不過，這麼大的刺激程度在現實生活中並不常見，因此這麼明顯的反應程度並不是本書研究的重點。除非是被測試人在測試過程中受到了極大的刺激，而他的心理素質又比較差，才可能出現如此明顯的凍結反應。

真正在測試過程中有意義的凍結反應，幾乎都是比較隱晦的。

隱晦的凍結反應

1、呼吸控制

呼吸的凍結反應是屏住呼吸或者降低呼吸的幅度和頻率，也就是俗話說的"大氣都不敢喘"。這是經典的凍結反應之一。

在微反應研究體系中，呼吸與能量儲備直接關聯。呼吸動作的頻率和幅度增加，意味着能量儲備增加，準備有所動作（不光是身體的動作，也包括思考和言語），且動作的難度越大，呼吸的量（頻率或者幅度）就越大，二者成正比。

因此，吃驚的時候本能反應是快速吸一口氣，留着備用。但感受到恐懼的時候，尤其是迫於客觀條件（比如現代社會的規則、禮儀等）不能逃跑、不能反抗的時候，則會出現屏住呼吸或者減弱呼吸的凍結反應。

我的一位同事有一次負責籌辦會議，因為諸事繁雜，居然忘記了派車接某位重要領導蒞臨會場，還好對方很大度，沒有計較，最終的會議也很順利。不過此事還是搞得自家上司很惱火，晚上在慶功宴的時候，便批評了那位同事幾句。雖然只是輕描淡寫的幾句話，但這位老兄因自覺慚愧，還是收斂了剛才還熱熱鬧鬧的心情，凝神靜氣地低頭聽着上司的話。而在幾句話之間的間隔沉默期，屋裏的每個人都不自覺地屏住了呼吸，生怕隨後會有暴風驟雨的來臨。好在上司點到為止，命令大家重新斟酒，屋中凝結的空氣才又被喧鬧打破。

請注意，為甚麼感覺空氣猶如凝結了一般？這種最常見的修辭語法來自每個人的細微呼吸。

其實，這種輕微呼吸的遠古本質是隱藏，是為了不引起獵手的注意。在被捕獵的過程中，弱勢的一方不能戰鬥（打不贏）則只有逃跑，如果跑得也不快，那就只能藏起來了。而隱藏的時候，如果呼吸不加以注意，氣流的流動和呼吸的聲音則會把自己的位置暴露給捕獵者，這是非常危險的事情。因此，長期進化積累的本能是，隱藏自己的時候會減弱甚至停止呼吸。到了現代社會，視覺上的隱藏除了軍人、特工和罪犯之外，已經很少有人需要了，最多不過是尷尬的時候"恨不得有個地縫鑽進去"的心態。但遭到負面壓力的時候，心理上還是會希望通過隱藏的手段來保護自己，主動減弱或者停止呼吸，試圖減少對手對自己的關注（雖然客觀上不可能）。

因此，正常狀況下，遭遇負面刺激（比如捱批評）的人是會不由自主減弱甚至屏住呼吸的。

根據這個結論進行推導，如果老闆罵人的時候發現，捱罵的傢伙居然呼吸劇烈，這是應當留意的反常反應，往往意味着捱批的人有委屈、不服甚至反抗的情緒，需要進一步了解信息。

實踐應用

總之，如果在面臨刺激源的時候，被測試人的呼吸開始減弱甚至停止，說明其心理處於一種恐懼狀態，承受着很大的壓力，但不敢逃跑，不敢反抗，被動等待結果的到來。這樣的心態，表示刺激是有效的。也就是說，我們問對問題了，這個事情被測試人很關心，關心則亂。而發現被測試人的關注點，是繼續施展有效刺激的前提條件，能夠通過這個關注點，測試出對方的情緒，以推導出其真正的心理狀態。

2、手的約束

你有沒有站在一個舞台上，面對着台下數百觀眾的注視，而覺得很不自在的時候？有沒有注意過，一般人在這種時候，都會不知道怎麼擺放自己的雙手？

其實，不自在是一種擔憂狀態，潛意識中擔憂的是不被觀眾喜歡或者被觀眾否定。在哪裏最自在？當然是家裏，因為不用擔心。

站在舞台上的人，無一例外都希望自己的內在和外在被觀眾所接受。而這種擔憂，則成為了壓力的來源。表情可以強顏歡笑（雖然很假，但可以強行擠出來，而且這也是對自己的一個交代），脊樑可以挺直（當然，這也有很多人做不到），雙腿反正負責站立（有事做就暫時不用管它們了），可是手怎麼辦呢？

這個時候，雙手就會不由自主地呈拘束狀態，產生凍結反應。

比如女士常見的動作是將雙手拉住置於身前（常被人認為是羞澀可愛狀），因為如果不拉住進行相互約束的話，兩隻手就會跑到身體兩邊，不知道該怎麼擺放了；男士常見的動作是將雙手拉住背在身後（常被人認為是成熟或者有秩序感）。如圖 3-3。

另有幾種比較隱晦的動作，看似雙手的拘束有着合理的原因，而且可能很酷，比如

圖 3-3　手的拘束

圖 3-4　手的拘束

圖 3-5　手的拘束

將雙手插入褲兜。類似的變形動作還有新手主持人用一隻手拿住麥克風，另外一隻手插入褲兜。如圖 3-4。這種姿態一般只發生在未經世事（沒見過大場面）的較青澀男士身上，他們也認為這樣好像是挺瀟灑的樣子。

不瀟灑的也有，比如用袖筒將手攏起來，合理解釋是冷。有氣溫作藉口，兩隻手的拘謹就可以藏得很好（當然也有可能是真冷）。如圖 3-5。

其實，這一類的姿態是藉助外力拘束雙手的運動，這些手的反應在具體的情境中，都可以解釋為“不知所措”的凍結反應，映射了內心的緊張和焦慮。如果你覺得這樣判斷太勉強，可以回想一個最簡單的問題：甚麼時候看到過國家領導人在正式場合中雙手做插兜狀？

這幾種手的凍結反應有着其內在的心理規律。擴張的肢體動作表示積極和擴張的心理狀態，多樣的肢體動作表示豐富多樣的心理狀態，而收縮的肢體動作則相應代表了隱藏、示弱的消極心理狀態。無論把手放在身前身後或插在兜裏，其背後的心理狀態都是將自己的肢體面積縮小（軍人的背手軍姿不在此列），或者是減少肢體動作的多樣性和被關注程度，以期達到減少被批評否定的目的。

反之，對情境很有掌控感的人，比如很

受歡迎的電視節目主持人就基本不會在節目中出現手插兜的情況，因為他自信（已經被很多人認可了）。

我們可以想見，老闆在自己的地盤裏也很有掌控感。當他們訓斥下屬的時候，是不會把手局限在一個地方或一種姿態的。訓練有素的專業演員對表演場地也有掌控感，上台表演或者發言的時候，也不會把手插在褲兜裏或者拘束為別的姿態，而是會非常自然地擺放在身體兩側，隨着劇情適時運動；手的動作也很優雅，不用擔心被詬病。

即使不是擁有掌控感，而僅僅是對情境有安全感，也不會出現凍結反應。比如朋友聚會的時候，真正開心的人也都是談笑風生、觥籌交錯，身體做出輕鬆隨意的姿態和動作，不會拘束在那裏。在這樣的環境中，只要有一個人呈現手的拘束凍結反應，就會看起來特別明顯，要麼是生疏，要麼是自卑，非常容易辨認。

實踐應用

在對局面沒有掌控感，沒有安全感，擔憂（害怕）被否定，不夠自信等心態下，會出現手的凍結反應。最典型的反應是把手拘束起來，或者藏起來，普通人的經驗是認為他緊張，但其實質是逃避，希望逃避負面刺激。

一旦被測試人出現這樣的反應，就說明其心理呈弱勢定位，沒有進攻趨勢，甚至連防禦心理都很弱，比較容易實施刺激，而且刺激的效果會相對明顯。

圖 3-6　腳的拘束

3、腳的拘束

　　站姿中最常見的腳的凍結反應，是雙腿併攏挺直，肌肉緊張。在明知不能逃跑的狀況下（如果能逃跑，則會在第五章中討論），比如受訓或捱批，神經系統受到負面刺激後，不會出現叉開雙腿站立的情況，或者完全無所謂的隨意站姿，而是緊張地併攏站直，斷了自己逃跑的後路，一動不動地承受着接下來的刺激。

　　此情此景，不動要比動好，因為不動可以將未知情境中的變化可能降至最低，最容易獲取到盡可能多的信息，最容易作出有利於自己的決策。如果自己亂動，則無形中將變數和可能出現的負面刺激以幾何級數增大，需要處理更多的未知變化，反而增加了自己的負擔。這就是為甚麼高手過招的時候，往往是不輕易出招，一出招便高下立分的原因。

　　坐姿中最常見的腿和腳的凍結反應，是把雙腿約束成一種不能亂動的狀態，最常見的是把雙腳拘束在一起，或者別在椅子腿後面。如圖 3-6。

　　如果你在放鬆的狀態下，故意去做這兩個動作，會發現它們還是挺吃力的。而且時間長了之後會讓雙腿感覺疲勞和酸痛。但是，人在緊張的時候，則會不由自主地做出類似的動作來拘束雙腳，呈現局部凍結反應。和手部的拘束道理相同，收縮的肢體映射了收縮的心態，而且藉助外力或憑藉本力控制住腳，可以減少不必要的動作，從而減少受攻擊（批評）的可能性。這種完全消極的等待心態，是實施有效刺激的最佳伴侶。

招聘面試的時候，是觀察凍結反應的最佳時機。來應聘的人大致上可以分成兩類：一類是沒把握的，這類人很多，而且其中不乏符合招聘條件的，但仍然屬於蒙頭蒙腦瞎撞，最終給別人當了炮灰；另一類是有把握的，這類人很少，因為要做到有把握，自己滿足條件只是最低要求，還要對整個局面有把握，比如單位性質、崗位的定位、招聘官習慣等等，當然，有後門的也算。

心懷仰視和祈求的應聘者，無一例外都會束手束腳、語言滯澀（有的台詞可能背得很熟，但不能正常交流）；而有把握的人，則會看起來很放鬆、自然，即使兩條腿叉開站立，也並不會讓招聘官覺得礙眼。如果換成前面那類人，你讓他分開雙腿站立，比要了他的命容易不了多少，他會認為這樣顯得很傻、很不尊重，完全不好！這就是"關乎一心"的差別了。

4、面容僵化

呼吸、手和腳的凍結，是天然而本能的自我保護反應，用於判斷被測試人身處窘境是比較可靠的。一般情況下，面部的反應要克制很多，也就是摻雜了很多主觀控制的表現，比如勉強的笑或者慚愧的笑。但如果負面刺激壓力過大，凍結反應也會呈現在臉上，讓被測試人失去禮儀和修養的矜持，表現為面部肌肉僵化，表情僵硬，缺少變化。在這個過程中，即使是最靈活的眼睛也會表現得滯澀，雖然因為需要繼續觀察和接收信息，還會輕微運動，但總體上是盯着負面刺激源，尋找後續的解決方案。如圖3-7。

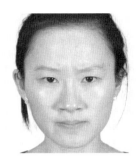

圖 3-7　面容的凍結

　　我們測試過一個青年男子，測試的問題是他對愛情的忠誠度，為了增加測試情境的壓力，他的女朋友也在測試現場。當男子承認他曾經"將自己與××（女朋友姓名）交往的細節告訴過其他人"時，女孩子當場就呆住了，繼而表現出巨大的尷尬和克制的憤怒，表現最為明顯的就是臉——整張面孔面沉似水，表情僵硬，不知該如何面對這個局面。

實踐應用

　　如果測試的過程中，發現通過刺激讓被測試人面容僵硬，說明刺激充分有效，刺激源中所包含的信息是被測試人非常關心的內容，在隨後的測試方案中可以針對這個進行重點突破，以獲取更多有效的信息。

與心理測試相關的應用

　　研究過說謊心理和技巧的人，經常會爭論一個抓謊的標準——說謊的時候，小動作是增加了還是減少了？很多學者也做了大量的實驗進行驗證，並得出過截然相反的結論。其實，如果單純以小動作的增加或減少來直接判斷是否說謊，是非常不準確的。

　　小動作無論是增加還是減少，具有證明價值的線索只有一個，那就是變化。動作從多變少的凍結反應和從少變多的煩躁不安（詳見第四章"安慰反應"），是在兩種不同的心態變化下的外在反應，都可能是說謊的線索。我們需要探求的是"為甚麼"。為甚麼這個問題問出來之後，被測試人的動作會減少（凍結反應）？為甚麼那個問題問出來之後，被測試人的動作會增加（安慰反應）？然後再根據這個"為甚麼"和問題（刺激源）之間的邏輯關係，最終確定被測試人是否說謊。

在測謊過程中，凍結反應的出現，是被測試人出現驚訝情緒的典型表現（潛台詞是"你怎麼知道這個秘密的信息"），說明此刺激源是有效的，它讓被測試人感受到意外、壓迫甚至威脅，刺激源中包含的信息對於被測試人具有重要意義，值得繼續深挖。

實用速查

刺激源	凍結反應類型	微反應動作	情緒或精神狀態
意外刺激	驚	驚訝表情	驚訝
		停住所有動作	
負面刺激	拘束	皺眉　嚴重關注	恐懼、害怕（輕微恐懼）
		收縮性禮節動作（跪叩）	
		呼吸控制：屏住呼吸、降低呼吸的幅度和頻率	
		手的約束：女生雙手拉住置於身前；男生雙手拉住放在身後；插在褲兜中，或者雙手用袖筒攏起來	
		腳的約束：站姿時雙腿併攏挺直，肌肉緊張；坐姿時雙腿拘束，或者別在椅子腿後面	
		面容僵化、表情僵硬	

第四章

不怕，不怕——
安慰反應

人在受到批評、壓力、否定等負面刺激時，經常
無意識地表現出一些尋求安慰的身體微反應，以
減緩內心的不適感。這些細微動作可以透露出他
們緊張、焦躁、恐懼或者厭惡的負面心理情緒。
由於說謊是迫於某種壓力而進行的行為，因此安
慰反應在說謊的時候尤其常見且表現得格外明顯。

當你還是嬰兒的時候，被媽媽緊緊抱在懷中，身體的前側貼着母親暖暖的懷抱，身體的後側被溫柔的手輕輕撫摸，安全又溫馨。餓了的時候，嘴裏可以有最美的味道，一邊吞嚥，耳邊還傳來溫柔的、有趣的歌聲。睜開眼睛，滿眼都是母親關愛的笑容。

每一個孩子都是這樣無憂無慮地長大（家庭不幸的少量個案不在本書討論之列，倒是可以作為犯罪心理學和犯罪行為模式重點研究的對象）。嬰兒的階段，是人生中最幸福的階段，儘管沒有清晰的記憶，但大腦卻能夠把這些體會和感覺，深深地印記下來。在長大後面對不適和困境的時候，會引導着身體尋找甚至創造這些感受來安慰自己。

視覺安慰

傳說中，如果嬰兒每天睜開眼睛的時候能看到媽媽（爸爸）的笑臉，他將來就會很愛笑，很開心，而且會長得很漂亮。很多媽媽對這一點都深信不疑。

從科學的角度講，能不能長得漂亮這個問題，與嬰兒能否看到父母笑臉之間並沒有直接關係。不過不用失望，因為視覺上的舒適和寬慰，確實能促使一個人的心情好轉。小嬰兒如果能夠經常看到父母的笑容，的確會變得性格開朗，容易開心，愛笑，這些都源於不斷積累的安全感和自信心。一個人笑着的時候，就會變得比板起面孔漂亮很多。

當然，長大了之後，眼睛看到的不會每每都是父母溫柔的笑容，還會看到很多讓自己不高興的負面的東西。而且，年紀增長之後也不會單一滿足於父母的笑容，還會擁有更多的視覺需求，比如美人、美景、精美藝術品以及能引發美好幻想的東西（比如鈔票）。不過，有兩條規律是不會打破的：一是從東西的角度講，所見之物一定是良莠俱存，本事再大的人也不能掌控；二是從看東西的人的角度講，一定是喜歡看喜歡的，不喜歡看不喜歡的。這第二條規律說出了人們最基本的心理偏好，它的深層實質內容是：看喜歡的東西，會讓人心情大好，看不喜歡的東西，會讓人心情變壞。這才是我們要關注的重要內容。

1、神奇的瞳孔

在測謊實驗中，瞳孔實驗可以強有力地證明這一點。瞳孔是虹膜（也就是常說的黑眼球，當然，不同人種的虹膜顏色是多樣的）中間的一個漏洞，負責把光線透入到視網膜上。其物理功能是光線變強的時候，瞳孔就會縮小，以防過強的光線刺激視神經；光線變弱的時候，瞳孔就會放大，儘量讓更多的光線投射到視網膜上，以獲得清晰成像。這一切動作都是由控制虹膜的平滑肌來完成的，而平滑肌只受自主神經系統控制，無論你怎麼努力，也不能進行主觀控制。如圖 4-1。

圖 4-1　瞳孔

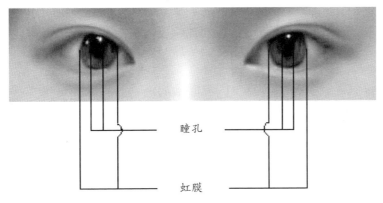

瞳孔

虹膜

　　有意思的是，隨着進化，人的瞳孔反應也變得更加複雜和高級。實驗證明，人在看到喜歡的東西時，瞳孔會放大，比如色男看到性感美女，或者賭徒看到一手好牌，以保證多看一些美好的景象；而看到不喜歡的東西時，瞳孔則會縮小，比如觀看血淋淋的外科解剖手術，以儘量避免受到負面刺激。當然，只有瞳孔變化的人，都算是城府很深的高手，即使內心波瀾壯闊，外表也不動聲色。對於一般人而言，看見美女肯定眼睛睜大，驚歎不已；看見血淋淋的場景，早就緊閉雙眼，高聲尖叫了。

　　這就是視覺應激反應的規律之一。

2、視線轉移

　　測謊的過程中，被測試人也會試圖通過眼睛來改變自己的心情。

　　當被測試人遇到刺激而產生負面情緒的時候，比如愧疚、心虛、尷尬或者恐懼時，往往會下意識地將眼睛從提問的人（提問的人就是最大的負面刺激源）或者其他刺激源（如案發現場照片）上移開，轉而看其他地方。因為如果繼續觀看負面刺激源的話，會造成負面情緒不斷積累，讓自己更加難受。即使測試環境中沒有自己喜歡看的東西，但只要不再看到那些令人憎惡的東西，也會讓自己感覺相對好一些。

　　這就是視覺安慰反應，因為眼神的逃避，實際上是為了安慰自己的心情。視覺安慰反應的逃避沒有一定的規律，每個人都有自己的習慣，共同之處是把視線從負面刺激源上移開。因此，這個反應最重要的是一組搭配：負面刺激源 + 視覺逃避。常見的有下圖中所示的幾種方向（圖 4-2 至 4-5）。

　　視覺安慰最典型的反應不光是逃避，更是要看向能使被測試人感覺舒適的目標。如果測試環境中有這樣的目標，比如親人，那麼被測試人在受到負面刺激的時候，會不由自主地望向對方。這樣的

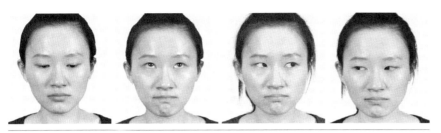

圖 4-2、4-3、4-4、4-5　視覺逃避

反應在法庭審判的時候經常發生，被質詢的人（不只是嫌疑人）可能會在聽到負面質詢和審判結果的時候，轉頭看看自己的律師或者觀眾席中支持自己的人，尋求心理上的舒適。

實踐應用

視覺安慰反應的出現，說明負面刺激源有效，體現了被測試人的負面心理狀態，常見的有愧疚、恐懼、厭惡等。一旦這樣的反應出現，則可以判定當前的刺激源是用於分析其內心真實想法的有效線索。

3、兩個荒謬的傳說

（1）人說謊的時候，眼睛會往左看

這是一種頗為流行的觀點。除了這種觀點之外，還有種更複雜的說法："如果是回憶事情，大部分人的視線是往右的，如果是編造，視線是往左的。"有人解釋道，這是因為左腦負責理智，右腦負責非理智。

這個結論的原始出處我們查找了很久，現在還是不知道是哪家科研機構發佈的統計數據。但可以肯定的是，如果按照這個結論來判斷人是否說謊，會產生大量的錯誤判斷。

根據眼睛轉動方向來判斷是否說謊是典型的教條主義，根據我們的研究，這個結論最多只能是基於統計數據，也就是說有的"研究人員"統計了一些人說謊的表現，這些人說謊的時候多數眼睛向左看。暫且不論這種統計是不是真的，作為測謊的依據而言，是假的，是偽科學，因為視線的轉動方向和左右腦的交叉控制沒有關係。往左看，並不是只有左眼動。

如果說眼神的移動能夠幫助抓謊，它的正解是：違背基線反應的異動，是說謊指徵。我們通過很多測試，實例證明了傳說的荒謬性。

此處僅舉一例。

有一次測試的時候，測試人員先問了諸如姓名、年齡等客觀問題，又讓被測試者心算了一道稍微複雜一點的數學題（比如 1233/3 = ？），這些測試題目正是為了積累被測試人員的基線反應（習慣）數據。

當時接受測試的小伙子在回答這些需要思考的問題時，每一次都出現了眼睛向左看的自然反應。如果按照傳說中的說法，他就是在說謊了。其實不然，這些動作僅僅是他個人的習慣。

後面問到一些有壓力的題目時，他的眼睛就沒有出現同類的反應，進一步確認了這個結論。例如，一道關於每個月花銷費用的題目問出後，視頻回放顯示，他的眼睛快速地向右側瞥了一眼，然後說出了一個數字。測試完成後的分析報告顯示，整套測試方案的內在邏輯可以判定他在當時確實說了謊，而不單單是靠著這一個眼神的反應判斷。視覺變化違背了自身基線反應，可以作為判斷說謊的線索之一。由此可見，眼睛往哪邊看，與是否說謊沒有必然的聯繫。重要的判定標準是違背基線的異動。

當然，我們尊重前輩科研人員作出的大量統計工作和結論，可能（注意僅僅是可能，因為我們沒有看到相關的數據和學術報告）他們所統計的人員中，真的大多數是說謊時眼睛朝左看。不過，這種上來就蓋棺定論的方式，是非常不嚴謹、不科學的。要判斷一個人是不是說謊，一定要首先確立被測試人的基線反應。

（2）說謊的人會不會出現視覺逃避

一直以來，"說謊的人會不會出現視覺逃避"這個問題也是心理學家們爭相驗證的內容。美國的某位學者還特意通過電視劇將自己研究的結論表達出來，他認為"人說謊的時候並不像傳說中那樣會出現視覺逃避，而更多地會看着對方，以便觀察對方的反應（是否相信了謊言）。"

實際上，迄今為止，這個問題還沒有統一的結論。而且，如果單就這個問題而言，也根本不可能得到統一的結論，因為這個問題的主語是：人。人的多樣性決定了這個問題的答案也一定是多樣性的。

大多數人在受到意外刺激的時候，都會出現視覺逃避（生理和心理共同決定），符合我們所總結的規律。如圖 4-6。

但是，如果被測試人是有備而來呢？他希望看到自己的謊言可能會產生甚麼影響，

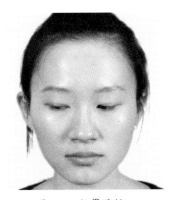

圖 4-6　視覺逃離

51

圖 4-7　視覺接觸

希望觀察到提問人的反應，進而作出下一步欺騙的努力，甚至在他認為自己得手之後，會樂於見到自己的對手被欺騙時的有趣樣子。這類人接受測試的時候，會提前做好準備工作，準備好自己的騙術套路，無論甚麼問題對他而言都不會意外，進而讓提問人逐步走進自己設下的複雜圈套，然後笑瞇瞇地看着對手被自己搞定。這稱之為視覺接觸。如圖 4-7。

你覺得這類人會通過視覺逃避來尋求安慰嗎？

不過，仔細分析一下，我們總結的規律並沒有錯誤，還是有效的。這種說謊的高手之所以貌似不符合視覺安慰反應規律，其實不是因為他們有多厲害，而是沒有不適感，這恰恰是因為對手（測試方法）不夠厲害。如果能夠分析出被測試人的性格特徵和行為模式，預見到他們可能採取的反測試對策，在測試過程中給予他們有效的意外刺激（也就是比高手再高一些），再高的高手也還是會出現視覺安慰反應的，唯程度不同而已（心理控制能力強大的人可以迅速控制和改變自己的反應）。因為，高手也是人。

當然，作為一門科學，我們必須承認，視線轉移並不能作為判定說謊的必要條件，可能造成視線轉移的原因有很多，比如思考或疲勞，有的時候就是單純的轉移，沒有甚麼目的性。視線轉移不等於視覺逃避（就算是看美好的東西也有可能歇會兒）。即使可以確定是視覺逃避，也要相應分析刺激源是甚麼，被測試人是甚麼類型。

看解剖手術時出現視覺逃避，就不能認定是說謊的反應，因為刺激源與說不說謊沒關係；再者，大多數人這個時候都會出現視覺逃避，但學外科的人不會，因為那些畫面對他們而言是專業，並不恐怖。這個例子說明，即使沒有視覺逃避，也不能作為被測試人沒有說謊的證明。

因此，觀察到視線轉移的時候，我們必須再進一步確定，視線轉移是不是視覺安慰。如果分析判定視覺逃避的出現是因為受到了負面刺激而尋求安慰，而負面刺激源又與被測試人可能說謊（試圖掩蓋或者捏造）的內容相關，那麼這個線索就很有價值，可以進一步深挖。

聽覺安慰

音樂是個神奇的東西，能夠改變人的精神狀態，讓人興奮，讓人愉悅，還能讓人惆悵。夜總會喧囂而強烈的節奏，能強行刺激神經系統，使其興奮起來，再通過發洩身體的能量，最終使人緩解精神上的壓抑；優美的旋律或者貼心的歌詞，能夠讓聽歌的人找到心靈共鳴，獲得強烈的認同感（同時實現自我認同），從而得到精神愉悅；當然，認同感不一定都來自高興的事情，基於悲傷的認同感會使人引發悲傷的共鳴，強化本已惆悵的心情。

這段分析如果交給音樂大師來研究和解釋，會更加豐滿。不過，對於微反應的體系而言，認識到音樂的作用就已經足夠了，因為我們要做的事情，是把這個客觀事實帶入測試過程中的觀察體系裏，而不是去深究這種現象背後的原理。

圖 4-8

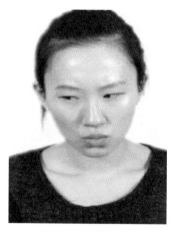

圖 4-9　聽覺安慰

　　視覺的改善可以安慰被測試人的神經系統，調節心情，聽覺的改善同樣可以。如果人感到緊張或者不適，可能會出現哼歌（還可能是大聲頌唱、嘶吼，比如 KTV）、吹口哨（如圖 4-8、圖 4-9）等反應類型，從而達到緩解神經狀態、改善心情的目的，這種反應稱為聽覺安慰。而且，唱歌、哼歌或者吹口哨的時候，還能夠同步調整呼吸的節奏和力度，這對於獲取安慰而言，也是非常有效的手段。

　　在測謊的過程中，不大可能出現大段的旋律哼唱或者樂曲吹奏，由於測試情境的特殊性，很有可能程度減輕而變形為簡單的一小段哼（不唱）或者單音節的口哨，甚至不發出聲音（但有呼吸動作），只是被測試人自己心裏知道。但這些微小的反應，如果是出現在負面刺激之後（可以是單個刺激，也可以是經過若干刺激積累而成的氛圍），則可以判斷為緩解壓力的聽覺安慰反應。相應的刺激源可以作為深度挖掘的線索。

測試案例

我們組織學生做過一個小實驗。

實驗的內容是要求學生在 A、5、6、7、8、9、10、J、Q、K 這 10 張撲克牌中（花色隨機，每張牌只有一種花色），隨意抽取一張並記住。然後，由測試人員按照隨機順序進行逼問式提問，如 "你拿的是 A 嗎？"、"是 K 嗎？" 等等，最後通過微反應來分析他拿的是哪張牌。

雖然這個測試實驗沒有壓力（沒有獎賞，也沒有懲罰），但是仍然有學生非常緊張，在測試人員問到他所拿的牌後，表現出了眼神、嘴部的明顯反應，讓測試人員準確 "猜" 到了他拿的那張牌。這個實驗的目的是為了測試逼問方式的最基礎反應（底線反應），最後的分析結果準確率總體來說並不高，屬於無壓測試的正常結果。

但是，就是這樣一個標準的無壓測試，還是讓大多數被測試人員產生了一個相同的反應：幾乎每一個人在全部逼問結束後，都長長地吁了一口氣，以放鬆自己緊張的神經。而宣佈結果後，如果被抓準，會馬上睜大雙眼、張開嘴巴呈吃驚狀，並脫口而出："啊？！"（潛台詞 "不會吧？"）；沒有被抓準的，則面露得意笑容。究其原因，應該是任何人都不希望自己的反應在不經意間出賣自己的真實想法，所以測試過程中才會有這種被挑戰的心理壓力。

圖 4-10　放鬆後的呼吸

需要注意的是，與視覺安慰反應略有不同，哼歌或者吹口哨以及與之相配合的呼吸不是為了逃避，而是一種放鬆的表現，一般會出現在被測試人自己感覺危險消失之後，比如懷有"哈哈，這個問題沒有難倒我"的想法。如圖 4-10。

實踐應用

危險到來的時候，需要儲備能量準備逃跑或者戰鬥，往往是深吸一口氣；而危險消退之後，則可以長長地出一口氣，放鬆一下神經準備休息。因此，在測試的過程中，可以安排幾道讓被測試人感覺順利過關的題目（比如"我們認為你當時不具備作假的可能性"），觀察他的反應，同樣可以找到被測試人所關注的刺激點，進而獲取有價值的線索。

口唇安慰

弗洛伊德（Sigmund Freud）曾經描述過人從出生到成年的 5 個階段，分別是：

（1）口唇期（0 ～ 2 歲）；

（2）肛門期（2 ～ 3 歲，在此期間如果過於嚴格地要求排便，可能導致形成偏執人格）；

（3）前生殖器期（3 ～ 6 歲，開始萌發並確立性別意識）；

（4）潛伏期（6 ～ 11 歲）；

（5）青春期（11 歲之後）。

在嬰兒時代，口唇是獲取快樂的主要來源，嬰兒通過口唇的吸吮、咀嚼和吞嚥，能夠滿足自身大多數需求，從而建立信任和樂觀的人格特徵。其重要性還能從另外一個角度解釋，如果缺少了必要的口唇刺激，比如過早停止奶的食用（包括使用奶瓶），則嬰兒可能會產生悲觀、不信任、憤世嫉俗甚至攻擊型的人格。

由於口唇期反應留在人體神經系統中的影響過於深刻，所以一些人在成年之後，仍然會存在很多相關的近似於本能的反應，表現為某些行為退回到人生的早期發展階段，心理學稱之為"口唇期退行"。例如，在面臨壓力的時候，人會使用一些行為以表安慰，像吮吸手指、咬鉛筆、吃糖果、吸煙和吞嚥口水等。因為這些動作可以通過口腔或相關器官來告知自己的神經系統："不要怕，沒關係，我在吃東西了。"

具體而言，在受到負面刺激後，常見的口唇安慰反應大致有以下幾種：

1、嘴唇的動作

緊張的時候，神經密佈區域的血液會加快循環，從而提供更多能量用於消耗，隨之而來的是溫度提升，造成皮膚表面水分流失較快。

嘴唇就是這樣的器官。

人在說謊或準備說謊時，可能會感到緊張不安，嘴唇容易變乾燥，因此會產生舔嘴唇、抿嘴唇或者用牙齒輕咬嘴唇的相關反應。緩解嘴唇的不適，讓這個在全身敏感度排名靠前的器官感到舒服一

些，會相應改善整個神經系統的狀態，獲取很大程度的安慰。如圖
4-11。

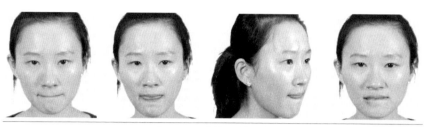

圖 4-11　嘴唇安慰動作

因此，與嘴唇相關的這類小動作雖然看似常見且不經意，但它
們如果出現在負面刺激之後，或者出現在被測試人講完一段可疑的
話之後，則具備了成為可疑線索的價值。

測試案例

有一次和某電視台合作拍攝一個小片，對方帶來了一個和
編導熟識的好朋友做被測試人。開始測試前和那人隨便聊了一
句關於喝酒的話，就發現他眼神中充滿詭秘，好玩，隨即決定現
場設計測試題目做一次測試。

整個測試的題目超過 40 道，本書中就不全部列舉了，只列
舉其中一個問題，因為這道題的口唇安慰反應非常經典。

問題：你最喜歡的女孩類型？

他用手撫着下頜，努力地思考了片刻（眼神變化比較多），
隨後回答：“溫柔賢惠。”

這麼長時間的費力思考，居然給了這麼個冠冕堂皇的答案，不能讓他跑了，於是追問："就沒有外表方面的要求？"

他馬上舔了一下嘴唇，回答道："有，得長得漂亮、身材好。"

測試人員心領神會，幫他解圍道："那其實你是先把底線要求說出來，再提外表方面的要求？"

他嚥了一口口水，承認道："是這樣的。"隨後出現緩和笑容和抿嘴反應。

這段測試說明，被測試人比較在意這個問題，不希望給別人留下一個關注異性外表的淺薄印象，但其實內心中是色字當先。因此，在被戳破後，為了緩解自己的尷尬，出現口唇的安慰反應。

2、咀嚼和吞嚥的動作

咀嚼和吞嚥的動作直接把"吃"的信息反應給中樞神經系統。有東西吃總是好的，因為有東西吃意味着不會捱餓，可以生存。長期的進化，使得中樞神經系統對吃這個動作總是很滿意，見到它很高興。這就是為甚麼人在心情不好的時候，大吃一頓能一定程度上改善心情的原因。劉德華和鄭秀文合作演出的電影《瘦身男女》，講述的就是這個科學道理。

在測謊的過程中，基本不會出現吃東西的情況。當然，也有測試方案提前安排好的飲食攻略，以撫平被測試人的情緒，建立安全感和心理親近感。但這是測試方案中應當研究的內容，不在本章討論範圍之內。所以，實際的測試過程中，更多的情況是吃這個動作的變形，主要包括：磨牙、咀嚼（一般是口香糖）和嚥口水（有條件

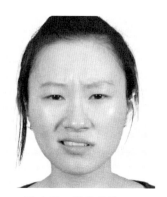

圖 4-12　磨牙動作

的話，可能是喝水）。

　　在我們長期的測試經歷中，發現被測試人在遇到為難的問題（需要說謊的問題）時，可能會出現磨牙的動作。具體而言，就是把嘴張開，用上下牙齒相互摩擦，而且一般是上下犬牙（尖牙）之間的摩擦。如圖4-12。

　　這個動作看起來讓表情呈現為威脅狀態，因此也可以從微表情的角度來進行解釋。不過，犬牙之間的摩擦，傳遞給中樞神經的潛台詞就是：“我是捕食者，我在撕咬獵物（食物），不用擔心，一切都在掌控中，我處在強勢地位。”因此，這個動作能夠很大程度上緩解因受負面刺激而產生的神經緊張狀態，讓被測試人感受到安慰。

　　如果被測試人在吃口香糖或者檳榔，則需要注意觀察其咀嚼的頻率和力度。在受到意外的刺激時（不一定是負面的），他可能會暫停咀嚼動作，這是典型的凍結反應。而在受到負面的刺激時（感受到煩躁不安或者不知所措的時候），他就可能加快咀嚼的頻率和力度，試圖緩解神經系統的緊張程度。需要注意的是，我們要重點觀察的是變化，如果被測試人一直是比較快或者比較用力地咀嚼，那麼這可能只是個人習慣（基線），不能作為判斷依據。而因為受到刺激而產生了變化的情況，才可能是有價值的抓謊線索。

　　吞嚥食物相對於咀嚼而言，則更加不太可能出現在測謊的過程中，而且真的吞嚥食物的話，這個動作就完全沒有分析和判斷的意義了。但是，沒有食物卻可以吞嚥口水，而且，吞嚥口水的動作更加可疑，也更具分析價值。如圖4-13。

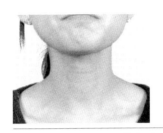

圖 4-13　吞嚥動作

　　大家可以自己試試看，在正常情況下想要故意吞嚥一次口水，尤其是沒有口水或者口水不多的時候，整個吞嚥動作還是比較複雜和費力的，因為它牽扯了口腔、舌頭、喉嚨以及你感受不到的食管的多器官運動。

　　被測試人在受到負面刺激時，可能會不自覺地通過這組複雜動作（自己並不感覺複雜，甚至有的時候感覺不到）來獲取安慰。吞嚥動作暗示中樞神經系統：「我在吃東西了，我已經把東西吃進去了。」從而試圖緩解神經系統的緊張狀態。如果不是口水積累到必須吞嚥的量（這一點不太好判斷），而且這個動作又是出現在負面刺激之後，則可以作為被測試人不安的線索加以關注。通常的測謊教程會認為吞嚥口水大多出於恐懼，實驗數據也對這個結論進行了支持，但事實上，能引起吞嚥口水動作的情緒，絕不僅僅是恐懼，還可能是尷尬（不知所措）、性興奮（這個一般是因為太過關注而打亂了正常的吞嚥，造成口水積累得太多而一次性解決）等其他原因。

　　總之，由刺激引發的吞嚥口水（尤其是很突兀的吞嚥），往往是被測試人的自我安慰反應，因此這個反應具備記錄和分析的價值，有可能成為獲取真相的線索。

味道的安慰

除了動作上的口唇安慰反應之外，還有一類反應是試圖通過味覺上的刺激來安慰中樞神經系統。

有種流行觀點認為，吸煙的人戒煙困難的原因有一部分是無法獲取與香煙具有同等味覺刺激的替代品（吃東西或許可以，但人不能總吃東西）。而且，無數事實證明，戒煙成功之後，人容易發胖（失戀也如此），這恐怕也與吃得多有着必然的聯繫（也有人說是身體需求和消化功能改進，但不能否定吃得多亦是重要原因之一）。

另一方面，吸煙確實能夠直接影響神經系統的狀態，不管是麻醉、提神還是舒緩焦慮，煙草的確能夠直接刺激神經系統。因此，吸煙在微反應研究中，可以作為安慰神經系統的手段之一。

傳統的測謊方式（使用測謊儀），要求被測試人不能受到任何干擾，連測試人員都應當儘量坐在被測試人看不到的方位，提問的聲音也要平緩悠長。因此，這樣的測試方式只能用在特殊場合。

我們在做測試的過程中，會讓被測試人儘量採用舒服的姿態，還會根據被測試人的習慣，提供水和煙灰缸，允許被測試人喝水、吸煙。因為一旦開始測試，被測試人所有的反應，都能夠體現出他對刺激源的心理變化，並通過微反應表現出來。而且，通過觀察被測試人在正常狀態下的抽煙習慣（確立基線），以及在遇到壓力問題時的抽煙動作變化，可以更加全面地分析其微反應。

測試案例

我們測試過一個企業經理人。對方是一個各方面都比較成功的女士，心理素質和個人修養也很出眾。但是在問及她和董事會之間的投資策略差異時，她表現出了若干煩躁的微小反應，包括表情的變化、身體和腿的姿態等等，其中最明顯的就是，在她描述自己的觀點和當前現狀時，連續抽了兩根煙。因此，我們判斷這件事情對她來講，非常棘手，心情也因之非常不好。

測試完畢之後，她自己承認了我們的推測，在投資策略方面，確實受到了董事會的壓制，比較鬱悶。

實踐應用

不管出於甚麼原因，只要不是因為習慣（這個要通過建立基線標準來判斷），尤其是吸煙行為出現在受到負面刺激之後，或者是吸煙動作的頻率及力度發生明顯變化，則意味着被測試人心理狀態發生變化，說明被測試人正在試圖通過吸煙行為來緩解自己的不適（恐懼、焦慮、尷尬或興奮），獲取安慰。

肌膚安慰

皮膚是人體最大的器官，負責保護身體免受外界侵襲，具有接受壓力、溫度、摩擦等觸覺信息以及排出汗液等功能。適宜的溫度和濕度會讓人感到舒爽，輕拍和撫摸則會喚醒塵封在腦海中嬰兒時的記憶，使人感覺溫暖而安全。

很多人不知道的是，在胚胎發育過程中，神經組織和皮膚組織共同來自外胚層。基於這種天然的"同宗"淵源，臨床醫學已經證明了心情不好會影響皮膚健康的事實。醫學研究表明，緊張、焦慮等情緒可引起機體應激反應甚至發生內分泌功能失調，促進血管壁或組織細胞釋放緩激肽、組胺等介質，這些物質會誘發或加重原有皮膚病。例如，爭強好勝、慾望高、辦事過分認真的人易罹患神經性皮炎；長期處於壓抑狀態或者慾求不滿的人易患慢性蕁麻疹。

相反，皮膚所受的刺激，對神經系統和心理狀態也具有非常重要的影響。密佈神經末梢和神經纖維的皮膚，可以傳導大量的刺激返回中樞神經，舒適的刺激（如愛撫）使人愉悦，負面的刺激（如疼痛）使人警覺並立即作出相應調整以逃避這些刺激。同時，因為中樞神經會反過來作用於皮膚（如前所述，通過影響內分泌和微循環實現），再加上長期積累起來的條件反射，神經系統還會客觀上造成皮膚飢渴。這兩個互相指向的互動關係，使人們學會了通過安慰皮膚來緩解神經系統的緊張和不適。

小的時候，母親的愛撫不但可以使孩子感到舒適和安全，還能塑造良好的性格和心理；大了以後與愛人之間的肌膚接觸，是真心相愛的表達方式；老年時期，如果能夠被子女或心理親近的人按摩、擦洗，心情就不會變得孤僻和古怪，容易開朗快樂。

因此，當被測試人在接受測謊時，在受到負面刺激之後，人會因為害怕失去（本應該獲得的利益），或害怕受到侵害（包括貶低和懲罰），而出現擔憂、恐懼（有時會覺得冷）、焦慮、尷尬或者憤怒的情緒。為了掩飾這些情緒的出現，被測試人往往會使用針對肌膚的安慰動作來緩解自己的情緒。

1、頭、臉、頸部皮膚安慰

這些時候，就會發生各種常見的安慰性微反應。最常見的皮膚安慰反應集中在頭部、面部和頸部。例如撓頭皮、玩頭髮、輕撫額頭或臉頰、揉鼻子、摸耳朵、摸鬍鬚、摸嘴、摸下巴、搓脖子等（見圖 4-14 至圖 4-21）。

圖 4-14　撓撓頭皮

圖 4-15
玩頭髮（常見於關注轉移）

圖 4-16　輕摸額頭或臉頰

圖 4-17　揉揉鼻子

圖 4-18
摸耳朵（常見於無措）

圖 4-19　摸鬍鬚

圖 4-20　摸嘴或下巴（常見於不想說）

圖 4-21　揉搓脖子

　　這些動作不經過思維性意識，直接由大腦中相對低級的邊緣系統器官組合控制，可以理解為通過進化而產生的非隨意運動，沒有經過專門訓練的人很難控制。

　　究其原因，是因為頭、臉、頸部距離中樞神經的腦器官最近，且密佈血管和神經（頸部是連接中樞神經系統和全身神經節點的必經之路）。針對這個區域的肌膚安慰動作，可以直接改變神經系統因受到負面刺激而產生的緊張，如果動作力度稍大，還可以緩解血壓的上升，進而快速讓自己從過激的反應中舒緩過來。與其他安慰反應不同的是，這種安慰效果，不光是基於暗示，還的的確確基於客觀的改善，效果非常明顯。

測試案例

我們曾經測試過一個很有意思的人。這個人之所以有意思，是因為在測試之前，我們沒有關於這個被測試人的任何信息，包括姓名這樣的最基礎信息都沒有。

說到這就必須插入說明一下微反應心理測試的理想模式了。

微反應測試要想成功，最基礎的條件是實施有效刺激。而有效刺激的設計，源於對被測試人的了解。相關信息了解得越充分，就越能清晰地分析出被測試人的性格特徵、行為模式以及關心和厭惡的事情，這樣才能做出好的測試方案，而且還能提前分析出被測試人可能出現的應激反應，便於判斷其是否說謊。

結果，這個人我們完全不了解。

我們把這種測試稱為無因測試。

無因測試也就是不知道要測甚麼，純粹為了測試而做的測試，是不合理的測試。這有點像甚麼呢？嗯，有點像你在街頭看到一位演員，就馬上跑上前去說："來啊，給我表演一段！"

不過，既然來了，我們還是決定測試一下，就當做是給我們自己積累反面教材了。

測試開始前，臨時設計了測試題目，全都是蜻蜓點水式的，比如抽不抽煙、喝不喝酒、戀愛經歷和感受等等。沒想到的是，被測試人幾乎每道題都有明顯反應（事後證明他是有心測試我們的專業水平）。

針對是否喝酒設計了三道連環題目。

第一道是："你喝過啤酒嗎？"

對方回答：“不會喝。”

這話有破綻啊，哪有人不會喝啤酒？最多是不喜歡那股苦味，再嚴重點也就是喝下去之後，身體反應不好。用這樣的理由來迴避問題，說明他回答這個問題的思路上是有破綻的。

遂追問：“不會喝不是合理理由，具體描述一下。”

對方抿了一下嘴唇，接着回答：“很小的時候喝過，太苦，不喜歡，所以不喝。”

要是第一個問題就這麼回答，後面的故事就不會發生了。

需要說明的是，被測試人一般都會把自己定位於弱勢，如果說的是真話，內心充實而自信，沒甚麼好心虛的；如果說的是假話，則會潛意識裏懼怕被拆穿，在思考問題的時候，容易受到測試人員的引導。剛才的例子裏，如果堅持說自己“不會喝”（就是從來沒喝過，沒考慮過甚麼叫不會喝，也沒考慮過這個詞合不合理），是不會有明顯破綻的。但是當我們給他一個引導的時候，他就順着這個引導方向自己開始跑，跑着跑着就容易踔倒。

聽到他開始沿着我們引導的方向跑步了，我們知道，這個問題，是可以深挖一下的。

於是接着問：“請列舉出三條 A 啤酒和 B 啤酒的區別（A 和 B 都是國內著名品牌，北方地區常見）。”

故事先停在這裏，等一下再講。請各位回答我一個問題：你聽到這個問題之後的第一反應是怎麼回答？

(1) 如果你是一個喝啤酒的人，也知道這兩個品牌，是不是已經開始思考二者有甚麼區別了？

(2) 如果你真的此生大部分時間都滴酒不沾，就算很小的時候喝過，是不是會直接說"不知道"？我想是的，因為你確實不知道，而且也不關心這個問題。

(3) 但是，如果你是一個喝酒的人，試圖騙我說你不喝酒。在這樣的情況下，你聽到這個問題會怎麼想？敢直接說"不知道"嗎？尤其是在剛剛改過口的情況下？

被測試人很費力地思考了幾秒鐘，開始嘗試着說："我不是很清楚，口味、價格和消費群體不一樣吧，但都是苦的，肯定。"

其實，這道題怎麼回答不重要，重要的是讓對方感受壓力，露出破綻。

我們等他話音剛落（根本就沒聽，因為他說的內容真的沒意義），隨即追問最後一個問題："講一下不喝酒的具體原因。"

安慰反應就在這時出現了。

被測試人開始不由自主地撓臉，當然是輕輕地撓，但撓了很長時間（數秒鐘）。在此期間，他不得不再次慎重思考，如何編造不喝酒的合理理由。

　　這一段挺長的故事，撓臉的反應只出現了一次，貌似不是重點。但是，在這個測試的過程中，確實出現了撓臉這樣的經典的肌膚安慰反應。在被測試人感受到巨大壓力和不適的時候，就會用這樣的動作來安慰自己，讓自己緊繃的神經稍微放鬆一下。

2、衍生皮膚安慰

　　上述安慰反應還能衍生出大量的不同形式，大都是減輕或者變形反應。常見的有：用手捂住自己的鎖骨中間，如圖 4-22。女性則可能多是捂住或抓住項鏈的吊墜，如圖 4-23。用手調整耳墜（耳

圖 4-22　捂住鎖骨

圖 4-23　抓住項鏈

圖 4-24　調整耳釘

圖 4-25　整理髮型

圖 4-26　調整領帶

圖 4-27　整理頭髮

釘），如圖 4-24。整理髮型，如圖 4-25。調整一下自己的領口或者領帶，如圖 4-26。女性還有一種獨特的安慰反應，雙手把腦後的頭髮束起，向後撩動，甚至重新整理一遍髮辮，以緩解情緒，自我安慰。如圖 4-27。

看似不經意的動作，出現在一個關鍵問題之後，則具有重要的挖掘價值。一方面，這些事情可以轉移當事人的注意力，使其跳離強烈的負面思緒；另一方面，這些反應客觀上也可以舒緩緊張的神經。

需要注意的是，並不是所有的被測試人都會頻繁出現撓臉這樣突兀的小動作。接受過專業訓練，具備表演經驗的專業演員，在表演過程中不會有一絲一毫的多餘動作，觀眾看到的是他扮演的角色。表演訓練，就是一種專業訓練。而對於普通人而言，在面對觀眾表演節目的時候，經常會不由自主地出現一些小動作，也就是我們說的微反應，這些動作能舒緩其緊張的神經狀態，讓自己自在一些。因此，接受過專業訓練的人在接受測試的時候，可能小動作很少。

此外，比較典型的安慰反應還會出現在身體其他比較敏感的皮膚區域，比如手和胸腹部。

3、手部的安慰

手部的神經末梢也非常發達。手指是最精巧的器官，可以做出非常複雜的動作組合就得益於此。手背的皮膚也同樣異常敏感。因此，在精神緊張的時候，頻繁出現的另一種典型安慰反應，就是手和手之間的摩挲。比較常見的動作是：搓手（常見於無措、焦慮），如圖 4-28。玩手指，如大拇指相互繞圈摩擦，其餘八指交叉（常見於思考性焦慮和難於取捨），如圖 4-29。用手指摩挲手背（常見於恐懼、不安），如圖 4-30。

圖 4-28　搓手安慰

圖 4-29　玩手指

圖 4-30　摩掌手背

圖 4-31　指尖的快速接觸

還有其他程度減輕的情況，如指尖的快速相互接觸。如圖 4-31。這個動作經常被認為是思考的隨行反應。不能說這種認知是完全錯誤的，但至少可以肯定，當事人思考的是一件有點難度的事情，需要通過這種微反應來緩解緊張的思緒。

4、胸腹部的安慰

胸腹部位的皮膚雖然有衣服包裹，不太容易直接接受有效刺激，但是因為它們的內部是脆弱的內臟，所以長期進化的結果把這個區域的皮膚變得非常敏銳，以便更好地保護好脆弱的臟器。因此，作用於這個區域的皮膚動作，也會產生良好的安慰效果。

比如害怕的時候，很多人都會不自覺地用手輕輕拍拍心臟部位，潛台詞是"不怕，不怕；沒事，沒事"，就好像真的會對心臟起到安撫作用一樣。如圖 4-32。

有些被測試人則會在緊張的時候，習慣性地按摩胸部（生氣時的安慰）或腹部（焦慮不安時的安慰）來緩解不適，因為這一部分皮膚在按摩的同時，還可能會直接影響到其內部臟器的運動和循環，從實質上改善身體狀態，最終改善精神狀態，實現安慰效果。如圖 4-33。

直接針對胸腹皮膚的安慰反應還有一些隱晦的變形動作。如抓住衣領或者胸口的衣服，前後抖動幾下做出透氣的動作，客觀上會引起衣服包裹住的身體周邊空氣的微循環，從而使敏感的皮膚對氣流的輕微刺激產生舒適反應，減輕緊張程度，同時還可以降低因血液集聚而升高的體溫。

圖 4-32　輕拍胸部

圖 4-33　按摩腹部

圖 4-34　隱晦的變形動作

如圖 4-34。

　　此外，用手摩擦身體的其他部位，如大腿、腹部等，如果具體情境適用，即這些動作是出現在當事人受到了負面的刺激（如需要說謊的問題）之後而產生的變化，那麼這些動作就具有挖掘價值。

　　綜上所述，如果被測試人在面臨負面刺激的時候，出現了前面提到過的種種皮膚安慰行為，那麼這個負面刺激源就顯得格外重要，具有繼續挖掘和分析的價值，也許能夠成為獲取真相的關鍵線索。

　　特別要注意，前面提到的動作並非在任何情況下都能被認定為安慰反應，從而作為說謊的破綻。千萬不要死記硬背和機械套用，認為一摸臉或者一搓手就表示當事人在說謊。很有可能整理髮型是一個人的習慣，或者他認為整理領帶的動作很酷。判斷這些動作是否屬於應激微反應，要遵循整個測試情境，特別是觀察動作是不是在受到負面刺激（如比較有力度的問題）之後出現的變化，而這些變化又不同於被測試人的基線反應（習慣和非刺激動作），才能確認是否有分析價值和指導意義。

對他人的安慰行為

　　輕輕撫摸和拍打除了能讓自己緊張的情緒得以緩解之外，還可以應用於他人。這是一種很有意思的身體語言。雙方在握手寒暄之後，主人或強勢的一方（比如上司）通常會輕輕拍拍對方的後背，以示鼓勵或推動，這是一種非常有掌控感的微小動作，其隱晦的含義是"來，別怕，我在這裏說了算，有甚麼事情我會罩着你的。"如果是摩挲對方後背或者手臂，那麼安慰的意義就更加明顯了。

實用速查

刺激源	安慰反應類型	微反應動作	情緒或精神狀態
負面刺激	視覺安慰	視線轉移	恐懼、不安、有壓力的思考、厭惡、驚訝等
		頻繁眨眼	
		閉眼	
	聽覺安慰	哼歌	緊張而需要放鬆
		口哨	
		調整呼吸（如吁氣）	
	口唇安慰	磨牙	憤怒、緊張、恐懼、煩躁、痛苦等
		咀嚼	
		吞嚥	
		抽煙	
	皮膚安慰	面部安慰	不安、尷尬、憂慮、愧疚、緊張的思考、恐懼、悲傷
		頸部安慰	
		頭部安慰（頭髮）	
		手部安慰	
		其他皮膚安慰	

第五章

走為上策——逃離反應

當人面臨危險、傷害等威脅而又無法戰勝對方時，通常想要做的是快速逃離，以便保全自身。此時他們內心會感到不安、恐懼、厭惡甚至憤怒。預備逃跑時，血液循環會自動將更多的血液從全身其他位置抽離出來，輸送到逃跑用的下肢中，這樣身體其他部位就會出現血液顏色減退，而下肢則表現為肌肉緊張、興奮，甚至輕微顫動。

在弱肉強食的蠻荒時代，人類始祖的生存法則是"打得贏就打，打不贏就跑"，面對強大的肉食動物，保命的最佳法則既不是等，也不是打（單打獨鬥），而是逃跑。

後來進入了文明社會，有文化修養的人又樹立了新的原則："近君子，遠小人"。離有潛在威脅的人遠一些，自己可以生活得更安全一些。

可見，逃離負面的刺激源，是一項經過逐代進化而積累下來的優秀本領，對生存和生活都有着巨大的幫助。也正因此，在人體的神經系統中，無論是中樞神經系統還是周圍神經系統，都擁有着靈敏的逃離本領。小到手指碰到沸水的避開，大到突然嚇了一跳（跳着後退，離開突然從門背後出現的面具人），高級的反應還包括因為聽到觀點相悖的發言而憤然離場，這些都是逃離反應的經典表現。

因此，在測謊的過程中，如果被測試人在接受刺激之後出現了逃離反應，則可以推導出那個刺激源對於被測試人而言是負面的。為甚麼要逃跑呢？其中的原因，就是我們需要抓住進行重點分析的重要線索。

準備逃跑的那一剎那

在正式討論逃離反應的種種表現之前，首先需要關注的是正式動作之前的熱身運動和準備工作。

1、循環和能量儲備

逃跑是需要消耗大量能量的。

人逃跑的時候，全身都參與運動，尤其是雙腿，腿上的肌肉群運動需要消耗很多能量。運動的能量來自體內儲存的糖分和吸入的氧氣進行的氧化作用（持久能量還會來自脂肪和蛋白質的分解氧化），因此想要逃跑，至少要做好兩個生物學意義上的準備工作：呼吸（吸入氧氣）和血液循環（運送能量物質）。

（1）吸氣

　　所以，人在感到緊張的時候，常常會深深地吸一口氣，以獲取盡可能多的氧氣，我們可以將這個反應理解為準備逃跑的動作之一。如圖 5-1。

圖 5-1　深吸氣

　　下面，請你先合上書本，自己試試看調動一下兩種情緒：一種是驚訝，一種是恐懼。

　　有沒有發現，在這兩種情緒的表現過程中，都會伴隨着一個快速但力度很大的深吸氣過程？

　　這是因為，驚訝是對意外刺激的最直接反應，在不能分辨敵我的情況下，儲備一口氧氣是必需的。如果是敵人，可以用來逃跑或者戰鬥；如果是朋友，歡呼雀躍也用得上。而恐懼則是對可怕的（認定會傷害自己的）刺激的反應。刺激源都要傷害自己了，還不跑等甚麼？趕緊吸一大口氣逃命。

測試案例

我們在實際測試的過程中，遇到過很多非常經典的深吸氣反應。

其中一次，我們問被測試人："你是否曾經腳踏兩隻船？"當時他的女朋友就在測試現場，所以可以想見當時的環境壓力有多大。

這個問題問出後，被測試人在等待作答的過程中（為了加大心理壓力，測試人員特意拉長了等待期），面部出現明顯愧疚、尷尬等複雜表情，雙眼不敢正視女朋友，但偶有偷瞥，在被允許回答問題之後，第一個反應就是深深吸入一口氣，繼而承認了這個事實。

回放視頻進行分析的時候，雖然他的整個身體沒有明顯的肢體動作變化，但這次呼吸卻為驗證答案的可靠性增加了一項重要指徵。

如果被測試人是一個自我控制能力很強的人，那麼他很有可能並不會出現這麼明顯的動作性破綻（呼吸說到底是可以控制的動作）。但是，在另外一個方面，身體因血液循環而產生的變化痕跡，卻可能露出破綻。由於血液循環的源動力是心臟肌肉的收縮，而心臟的肌肉屬自主神經系統控制，無法靠主觀意識的命令來加以控制。因此，血液循環這項複雜的系統工程，主觀意識的成分很少（不是沒有，比如體表按摩可以影響血液循環，但影響很小）。

(2) 臉色

我們常常會聽說"當時臉都嚇白了"這樣一種反應。恐懼怎麼會讓臉變白呢？

　　其實這就是典型的逃離準備階段的反應。一旦被測試人受到負面刺激，產生恐懼等高刺激力度的情緒，血液循環會自動將更多的血液從全身其他位置抽離出來，輸送到逃跑用的下肢中。臉部的皮膚暴露在外面，是可以直接用肉眼觀察到的部分。正常血液循環發生改變（血液減少），會很明顯地表現為血液顏色的減退。這就是常說的"臉都嚇白了"的原理。同時，下肢中因為血液增多，會出現肌肉緊張、興奮，有可能看到輕微顫動的反應。

（3）體溫及其他

　　與此同理，血液循環的異常除了造成血液顏色減退之外，還會導致一些連鎖體驗，比如心跳加速（加快血液運輸）；體表溫度降低（血液的抽離）；頭腦一片空白而反應遲鈍（中樞神經耗氧量降低）；語言中斷增多（缺氧反應）等等。

（4）呼吸與血液循環

　　值得一提的是，深呼吸能夠通過胸腔的大幅度擴張和收縮，客觀上改變體內壓力，同時增加血液含氧量，最終達到調整血壓和心跳頻率的效果。簡單地說，就是人在心跳過速和血壓升高的時候，會採用深呼吸的方式來緩解這種不適。因此，深呼吸的動因，也有可能不是直接源自驚訝或恐懼的情緒，而是因為體內的血液循環狀態改變，感覺很不舒服，進而試圖使用呼吸來調整身體內部的壓力和不適。不過，這和因驚訝或恐懼而深吸氣並不矛盾，只不過是在我們的推理邏輯中增加了一個環節而已，最根本的原因還是對負面刺激的反應。

實踐應用

上面所描述的種種反應，其映射的主要情緒是恐懼（也有驚訝、不安等）。當人遇到可怕的負面刺激時，神經系統會產生恐懼情緒。恐懼情緒的最大職能就是調整身體裏的能量分配，包括血液和呼吸，準備帶着主人逃離刺激源，越遠越好。

在測試過程中，如果被測試人出現了上述某些反應指徵，可以判定他對刺激源所持的心理狀態是害怕、不安等並決定逃離。由此可以推斷，刺激源對被測試人有效，可以作為繼續挖掘有價值信息的線索。

小測驗

我們在此處增加一段文學性的描述，用來把各種反應綜合在一起。

她的突然出現，讓他的身體猛地一震，臉色瞬間變得煞白。只一瞬間，剛才還充滿陽光的臉上就露出了匪夷所思的神情，開始變得僵硬，身體也出現了輕微的抖動，張開嘴，似乎想說甚麼，卻沒有發出任何聲音，只是死死地盯着對方。彷彿過了許久，期間似乎一抬手、一邁腳都變得艱難萬分。最終，他深深地吸了一口氣，慢慢閉上眼睛，勉強擠出一個招牌式的微笑，然而笑容卻沒能擋住眼角的那顆淚滴。

這一段描寫，大家可以當作小測驗來做，分解一下其中的內容，標註上微反應的專業名詞，試試看自己對文中人物情緒和反應的理解。如果你能從文字描寫中脫離出來，理性地切割和分析，說明已經開始具備一定的專業素養了。注意，答案會隨着你設想的具體情境不同而不同，沒有標準答案，但隨後我們會給出一個參考答案。

　　她的突然出現（　　　　　），讓他的身體猛地一震（　　　　　），臉色瞬間變得煞白（　　　　　）。只一瞬間，剛才還充滿陽光的臉上就露出了匪夷所思的神情（　　　　　），開始變得僵硬（　　　　　），身體也出現了輕微的抖動（　　　　　），張開嘴，似乎想說甚麼，卻沒有發出任何聲音（　　　　　），只是死死地盯着對方（　　　　　）。彷彿過了許久，期間似乎一抬手、一邁腳都變得艱難萬分（　　　　　）。最終，他深深地吸了一口氣（　　　　　），慢慢閉上眼睛（　　　　　），勉強擠出一個招牌式的微笑，然而笑容卻沒能擋住眼角的那顆淚滴（　　　　　）。

參考答案：

　　她的突然出現（刺激源），讓他的身體猛地一震（凍結反應），臉色瞬間變得煞白（恐懼，但不一定是恐懼這個人）。只一瞬間，剛才還充滿陽光的臉上就露出了匪夷所思的神情（意外並不解），開始變得僵硬（體內能量循環開始調整），身體也出現了輕微的抖動（能量調配出現紊亂），張開嘴，似乎想說甚麼，卻沒有發出任何聲音（情緒佔據主動地位，理智退居其次），只是死死地盯着對方（嚴重關注刺激源）。彷彿過了許久，期間似乎一抬手、一邁腳都變得艱難萬分（不確定應當採取甚麼措施，失去清晰思維控制運動）。最終，他深深地吸了一口氣（調整能量儲備），慢慢閉上眼睛（視覺阻斷），勉強擠出一個招牌式的微笑，然而笑容卻沒能擋住眼角的那顆淚滴（悲傷或絕望）。

圖 5-2　蹺二郎腿

圖 5-3　二郎腿變成一前一後

2、姿態調整

　　前面討論的逃離準備反應和逃離動作的實際發生還有很大的距離，很容易被人忽略。相比而言，身體姿態調整是比較明顯的逃離準備。

（1）坐姿調整

　　蹺二郎腿是比較舒適的坐姿（此處簡單使用其舒適的一面。二郎腿也有可能是防禦狀態的表現，但需要結合具體情境判斷，見第九章"戰鬥反應"），尤其是那種隨意靠在椅背上蹺起二郎腿的姿態，更能證明被測試人的放鬆和掌控感。這樣的姿態是很難起身逃跑的。如圖 5-2。

　　我們以這個姿態為起點進行說明。被測試人如果遇到有效的負面刺激，可能會隨即收起二郎腿，將雙腳一前一後擺好，同時挺直上身，看起來好像是注意到了甚麼東西一樣。如圖 5-3。

　　然而，如果這個時候被測試人的情緒是緊張、恐懼或者尷尬的話（注意沒有驚訝和憤怒），其眼睛是不會盯着刺激源看的（驚訝和憤怒則會盯着刺激源），而是悄悄地打量整個測試環境，試圖找到可能的逃跑路線。如果被測試人的城府不夠深，或者刺激源的力度太大了，被測試人還可能做出雙手撐住座椅扶手（沒有扶手的話就撐在座椅

上）的動作，就像是生怕僅靠腿的力量跑得
不夠快似的（手撐一下會起身更快）。如圖
5-4。

（2）站姿調整

在站姿狀態下，如果遇到負面刺激而準
備逃離，兩條腿的位置和方向有一個明顯
的特徵──一前一後面向刺激源，而不會是
同時面向刺激源。用幾何學的分析方式可
以總結為：兩條腿所確定的平面，平行於
自己與刺激源所確立的平面（或者呈很小的
銳角），絕不會出現兩個平面垂直交叉的情
況。如圖 5-5。這種姿態進可攻，退可逃，
是準備逃離的信號。

圖 5-4　雙手撐住座椅

明顯的逃離

準備工作一旦做好，接下來就是真的逃
跑了。

請注意，在實際的測謊過程中，逃離準
備反應和逃離反應很少會嚴格按照先後順
序陸續出現，絕大多數情況反而是單獨出
現的（比如只有深吸氣，沒有身體移動）。

圖 5-5　站姿平面分析

1、逃跑的變形

在生存的過程中，遇到危險時逃跑是常
用的方法。經過長時間進化，就會積累下
很多因為焦慮（擔心或害怕）而本能的腿腳

動作。比如焦急時無意識地跺腳，而成年人在憂慮的時候，也會不自覺地來回踱步。

腿和腳距離大腦最遠，正常情況下，人類除了行走和奔跑外，連合理地使用腿部發力都不能進行很好的控制（如跆拳道的踢擊），因此對心理的反應也最誠實可信。

明顯的逃離反應特徵很容易被捕捉到，那就是被測試人在遇到有效負面刺激之後，頭與負面刺激源之間的距離增加了。

看到這裏，有的讀者可能會糊塗了。上一節不是説，準備逃離的時候，身體會從舒適的後仰變成直立嗎？這樣一來，頭和刺激源之間的距離應該是縮短而非增加啊？很多人也搞不清楚，身體後仰到底是放鬆還是厭惡。所以，我在此要再次重申一遍微反應分析的原則：具體情況具體分析。

有兩個錯誤是測謊新手和大眾容易犯的：一個是死記硬背，只要書上或者電視劇裏説到過某一個標準（某種反應是説謊的指徵），就死記硬背無限套用；一個是孤立地使用某一個標準，把反應和刺激源之間的關係割裂開來。這兩個錯誤一個是教條主義，一個是一元論，都不符合辯證唯物主義的思想。

逃離準備反應，從原理上講，是為了逃跑做準備，當然要把身體姿勢擺到能隨時開溜的狀態，這並不是説被測試人想靠近刺激源，而是沒辦法，誰讓他前有敵兵（負面刺激源），後有堵截（椅子靠背）呢？總不能一個後空翻從椅子背的方向狼狽逃竄吧？

而逃離反應，則是真的要跑了，在身體能夠移動的方向上真的移動了。往哪裏跑？當然是遠離負面刺激源的方向。

所以，切忌死記硬背，切忌孤零零地只觀察反應，不分析原因。真正的測謊分析，是很需要開動腦力的高技術含量工種。"上帝"不是那麼容易就能當的。

言歸正傳，典型的逃離反應有：

嚇了一跳（自己試試看，肯定不會是往前跳）。如圖 5-6。

圖 5-6　嚇了一跳

貌似淡定地向後退幾步，多數情況是半步或者一步（臉上多半還帶着微笑），如果大於兩步，基本就屬於失態了。

還有腳不動，只有軀幹和頭動的（頭要逃離，軀幹必須配合）。常見的有兩種情境。

第一種很明顯，談話的時候話不投機，感覺無法或者不敢再繼續溝通下去的時候，身體會憤然（注意不一定是憤怒情緒主導）後仰，靠在椅背上（沒路可退了）。如圖 5-7。這種靠向椅背與舒適的、充滿掌控感的靠向椅背有一個明顯的區別，就是全身上下的放鬆程度。不高興地向後靠，即使軀幹是不用力的（與放鬆不同），身體的其他部分（比如腿）尤其是表情也會是僵硬緊張的。出現這種反應，可以判斷出被測試人（或者談話對象）受到了有效的負面刺激，出現了無奈的憤怒、不滿、輕蔑（不屑）或者恐懼的情緒，情緒引導着被測試人遠離負面刺激源，以便減輕心理的負面感受。

圖 5-7　身體後仰

第二種動作則沒有那麼完整，可以觀察到的反應可能僅僅是軀幹的輕微後仰（頭

圖 5-8　軀幹後仰

當然也遠離刺激源了）。如圖 5-8。這種逃離反應很有意思，因為被測試人往往為了掩飾自己的真實想法（否定、厭惡），還會配合一些其他表情和台詞。比如，兩個人在討論喜歡的偶像明星，一個人說"我喜歡×××"，另外一個人就可能一邊做着這種輕微逃離反應的動作（身體略微後仰，眼睛可以看，也可以不看），一邊保持着臉上的微笑，同時説道："呵呵，是嗎？我也覺得她不錯。"言語中的貌似認同（其實潛台詞是否定並嚴重懷疑對方的品位）與身體上的逃離反應形成矛盾，這是典型的社交謊言，要不然兩個人會因為這種沒有價值的事情而不歡而散的。真正的認同，可能會像革命影片中那樣，向前跨上幾步，兩隻大手緊緊地握在一起並用力搖晃幾下，同時真切地説道："總算找到組織了！"一些人還會把頭再湊近，眨動着激動的眼睛，開始討論這個偶像的諸多細節。

2、一個著名案例：女車模與女主持的爭鋒

因為私人視頻流出而成為熱點話題人物的女車模（下面簡稱 S），應約參加了一檔以女主持人和嘉賓互聊大尺度話題為形式的綜藝節目錄製，最終因為不能為外人分辨是非的原因而中斷。這段實況錄像在互聯網上曾經熱極一時，我們也曾經專門對其中幾位

焦點人物的微反應進行過分析。

其中，S基本上全程保持了職業姿態，面帶微笑，雙手放在腹前腿上，呈端莊狀。上身一開始始終沒有向後靠在沙發上，基本保持挺直，雙腿在坐姿的時候，保持蹺腿姿態。

從專業技術角度講，整個過程中比較精彩的，是S的姿態發生了兩次微微的變化，體現了錄製過程中三個不同階段的心態。

一開始，大家和顏悅色，彼此心照不宣地聊聊時尚、模特、穿衣、吃飯等家常話題，S的坐姿儘管呈明顯職業修養狀態（能看出防備和拘謹），但通過交疊在一起的小腿傾斜姿態可以判斷，精神相對而言是放鬆的。這一點也可以通過面部表情來進行輔助判斷。

隨後，主持人刻意轉入敏感話題，並且提問的方式越來越刻薄（小孩子想證明自己的心態顯露得很明顯），讓S產生了一系列的反應變化，除了數次睜大雙眼（用大白話講叫"瞪"）、鼻孔輕微擴張（通過配合胸廓變化可以判斷為向外噴氣）的經典憤怒表情，以及雙臂抬起想要做抱臂動作（但因為要保持儀態的習慣而作罷）外，還有一個微妙的變化就是，一雙小腿從傾斜姿態變成幾近直立角度了。雖然仍然保持着蹺腿狀，但鑒於這是她個人的儀態習慣（幾乎全程如此），這個角度的變化，已經屬於逃離準備反應（坐姿調整）。

到最後一個階段，由於女主持人實在咄咄逼人（自己的地盤會有強勢心理），S已經無法在鏡頭前保持微笑儀態了，當她的經紀人和現場編導爭吵起來後，憤怒的情緒越來越多，很有職業修養的S居然把身體向後靠在了沙發上（明顯逃離）。這一個動作，和前面近半個小時的保持儀態相比較，是最明顯的逃離反應，變化的原因肯定不是累，而是強烈的厭惡導致的逃離慾望。果然，沒過多久，大家不歡而散。

如果你對這段視頻中幾個人的微反應感興趣，可以自己試着分析一下。鑒於本書的學術立場和技術分析出發點，對事件所涉及的道德觀、世界觀等高深哲學問題不予討論。

隱晦的逃離

雖然軀幹輕微後仰已經不那麼明顯了，但畢竟是在受到負面刺激的時候出現了頭的遠離（遠離刺激源），特徵還是比較易於辨識。接下來列舉的一些細微反應，則沒有這麼統一而清晰的判斷標準，非常隱晦。

1、視覺逃離

第四章中提到過視覺安慰反應，是説被測試人在感到不適的時候，將眼神轉移到其他地方，以減少負面刺激從而獲取安慰的反應模式。單就眼神變化而言，視覺安慰反應和視覺逃離反應很像，幾乎無法分辨二者的差別。但是，其背後的心理狀態和動因，則完全不同。視覺安慰的目的是減少接收負面刺激，從而使神經系統壓力不再持續增加，是比較被動的，可以用白話表示為"我不要再看了"。而視覺逃離則是擔心過多的視覺接觸引發出新的負面刺激，可以理解為"怕被人看穿了心事"，屬於相對比較主動的措施。如圖5-9。

二者最大的區別是，視覺安慰反應一定是離開負面刺激源，找尋好的視覺信息（比

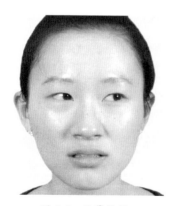

圖 5-9　視覺逃離

如自己信任的人）；而視覺逃離反應則不一定是將眼神從負面刺激源上移開，很多時候僅僅是被測試人不希望被關注、被看穿的自主反應。因此，視覺逃離更多地表現為眼神飄移不定，一般可以作為心虛的表現。僅舉一例如下。

一個人僥倖完成了任務，假設他有良知，在被上司讚許的時候（這不是負面刺激源，但也是此人不能坦然直面的場景），一般都會將眼神從上司慈祥關愛的目光中移開，看起來像是謙虛謹慎、不驕不躁，其實心裏咚咚直跳，暗叫一聲“慚愧”。如圖5-10。設想一下，如果這個任務是歷盡千辛萬苦，甚至搭上了健康和他人生命，好不容易完成的，接受上司讚許的時候，則不太會出現眼神飄移的反應，而有可能呈現出抬頭挺胸，充滿悲壯意味的熱血義士狀（依人的性格而定）。

因此，視覺逃離的心理狀態是慚愧或者心虛，試圖通過視線的逃避來減少對自己的關注，進而阻止下面可能會出現的深度挖掘。

圖 5-10　視覺逃離

2、角度的扭轉

現代社會的規則和社交禮儀一方面能夠保證大家都做文明人，絕少出現身體受到傷害的情況，另一方面也從小就教育人甚麼是不禮貌的行為。從孩子兩歲左右可以和大人正常交流開始，我和家人總是會提醒他，說"阿姨好"的時候，要看着阿姨說；跟小朋友說"對不起"的時候，要向着小朋友說。

我相信，絕大多數人都是這樣被培養長大的，每天都耳濡目染地學習着社會交往的規則。因此，成年後在面對上司訓話時，或者與商業客戶交流時，絕大多數人也會因為自身禮儀修養，而較少出現眼神逃離或者軀幹後仰這類比較明顯的反應。

於是，很多逃離反應逐漸從明顯的位移變化演變成了隱晦的角度變化。這樣既能滿足自己的需求（主要是大腦的負面情緒），也能照顧到對方的感受和社交規則。其中比較典型的反應有：

（1）雙人對話時的轉動逃離

傾聽對方談話的時候，把頭轉向一邊，假裝在觀察一件甚麼有趣的事（其實甚麼也沒有）。如圖 5-11。稍後再轉回來，聽一小段（實際上是看一小段時間，告訴對方我還在聽），然後再轉開。總之，轉開的時間加起來比正面朝向對方的時間還要長。

圖 5-11　雙人對話時的逃離

聊天的時候，眼神開小差是很常見的情況，這個表徵就一定代表了對方的逃離嗎？你在闡述，對方在傾聽。你如果想知道這個問題的答案，請關注以下幾個因素：

A. 你們雙方是甚麼關係（同事、朋友、敵人、愛人……）？

B. 你們平常的觀點一致程度有多高？

C. 你們最近的關係怎麼樣，有沒有矛盾？

D. 討論的這件事情，你們之間是否存在不同意見？

E. 討論的事情本身會牽扯到你們雙方的甚麼利和害？

F. 對方是那種可以聽得進別人意見的人，還是習慣獨立思考，只相信自己的人？

……

這些因素如果你都能掌握得八九不離十，那麼我相信你根本不需要依據書中所總結的特徵，就可以判斷對方是否產生了不悅甚至厭惡的情緒。這些背景信息，我們可以簡稱做"情境"。對一個人的微反應作分析和判斷，必須依據具體的情境，這就是我們強調的"情境原則"。

如果是第一次見面的陌生人，雙方之前沒有過任何接觸和信息交流，前面講到的表徵還能作為判斷逃離反應的標準嗎？

答案是不能確定。不能確定對方是不是不喜歡你所說的話，因為還有一種可能性，就是他對你這個人完全不感興趣，甚至更嚴重。

原因很簡單。如果對方也是在正常的社會環境中長大的，接受過正常的社會交往禮儀、規則的薰陶，能夠正常地和他人進行交流的話，那麼他不會在你們雙方第一次的交談過程中，表現得這麼不關注。除非他不喜歡你所談論的話題，或者更有可能的逃離反應原因，是不喜歡你這個人。

（2）多人對話時的轉動逃離

軀幹的轉動比較容易出現在多人對話情境中，也有可能出現在路遇交談中。當不喜歡對方所談的內容，或者是不喜歡對方這個人時，可能會將身體轉向另外一個人（如圖 5-12），或者另外的行進方向，暗示"不好意思，我急着有事要離開"，儘管臉上可能還保持着禮貌的微笑，但心裏想的卻是快點結束掉這個對話。

不過，這裏還是要強調一下我們曾經強調過的情境原則，也就是要具體情況具體分析，千萬別看完此節就去找人聊天，看到人家轉身就認定是不喜歡你，那樣的自作聰明最後傷害的只能是你自己。

（3）腳的朝向

頭和身體都離中樞神經系統很近（大腦和脊髓），相對比較容易控制。而腿和腳遠離中樞神經系統。如果被測試人遇到有效的負面刺激，那麼更大的破綻會出現在其腿和腳的姿態及動作變化上，這些破綻也更加本能，更加可靠。美國有位前 FBI 特工就曾經在書中總結過："從頭到腳，可信度逐漸增強。"

正常的交流，無論頭和軀幹的姿態如何，雙腳腳尖一定是指向對方的（站姿），或者雙腿延伸線形成的扇形區域會把對方涵蓋在中間（坐姿）。如圖 5-13。

圖 5-12　多人對話時的逃離

圖 5-13　正常坐姿

但是在受到負面刺激時，腿和腳會下意識地改變姿態和動作，通過調整角度來避免和負面刺激源直接相對。此時表現出來的站姿反應可能是轉身（其實是腳尖指向逃離方向，腿和軀幹被迫跟着改變方向），且呈一前一後狀（起跑姿勢）。如圖5-14。坐姿反應是把腿併攏，朝一側傾斜，這種反應除了用於表現矜持之外，還可能是在刻意逃離刺激源，將刺激源驅趕出自己正常交流的可接受範圍。也有可能雙腳腳尖都接觸地面，保持雙腿輕微緊張狀態（隨時抬腿起身就走）。如圖5-15。這兩種反應，前者屬於比較隱晦的表現，後者屬於相對比較明顯的表現，可以根據不同的刺激源以及不同的被測試人性格特徵來進行判斷。

圖 5-14　站姿逃離

這兩種腿和腳的姿態變化，在正常的交流過程中，都會顯得比較突兀，但卻很少引起人的疑惑和關注；偶爾覺得哪裏似乎不對，也很少有人會追問其所代表的含義。的確，在沒有學習過微反應的情況下，其實很多人都能注意到一些特殊的反應，具備感受或者猜測別人心理的能力，只是不能確定。微反應研究，可以給你的推測提供一份考量標準，看看自己是想多了，還是確有其事。

寫到這裏，我不禁有一個擔心，怕大家會對號入座，甚至在日常生活中吹毛求疵。

圖 5-15　坐姿逃離

我要着重強調一下這個問題。我們所討論的隱晦的逃離反應,是根據大量測試的實際案例總結出來的。每一個測試案例,都有着具體的情境,包括背景信息、被測試主題以及測試環境等等。因此,並不能總結為在日常生活中如果你身邊的人出現了這樣的反應,就説明他很厭惡你,不希望和你進行正常的交流。我們所研究的這些反應非常細微,需要與具體的刺激源和測試情境結合起來,並根據被測試人前後行為的變化來判斷其心態。

實用速查

本章所討論的逃離反應,用詞雖為"逃離",但刺激源不一定是因為恐懼,還可能是因為厭惡和憤怒等。使用這個詞,只是試圖把離開的力度和心態表現得更明顯一些。

刺激源	安慰反應類型	微反應動作	情緒或精神狀態
負面刺激	逃離準備反應	吸氣	恐懼、不安、驚訝等
		血液循環(臉色和體溫)	
		姿態調整(坐姿和站姿)	
	明顯逃離反應	嚇了一跳	恐懼、不安、驚訝和厭惡、憤怒、煩躁等
		後退	
		軀幹和頭後仰	
	隱晦逃離反應	視覺逃離	恐懼、不安、驚訝和厭惡、憤怒、煩躁等

第六章

服從與合作——仰視反應

進化積累的本能，使得人會仰視比自己高大的對象，蔑視比自己矮小的對象；同時，人也會本能地儘量抬高自己的身體以建立優勢，或者把自己的身體放低以表示謙卑和服從。所以，觀察一個人的體態高低，可以判斷其內心的真實自我定位。

人的意識中，比自己大的東西，是要仰視和敬畏的。

體型大的肉食動物不論是在捕獵還是在搏鬥中，都會比較佔優勢，同樣的尖牙利齒，體型巨大的對手會造成更嚴重的傷害甚至死亡。在遠古時代，原始先民聚族而居，以漁獵為生，身材高大的獵手比較容易捕獲更大的獵物，為群體的生存提供更加充足的食物。再加上大自然的鬼斧神工所造就的參天古木、懸崖巨石，都會讓懵懂的人類產生發自心底的壓倒性震撼、仰望和敬畏。

大，代表人類無法觸及的神秘；大，代表鬥爭實力上的絕對優勢。

這種代代相傳的生存與死亡的記憶，深深地烙印在人類的意識當中。因此，進入文明社會之後，建築物的大小與主人的身份地位成正比（參見故宮、天壇），一些需要被百姓膜拜的宗教偶像也被想像並塑造成巨大的形體。

比如《佛說觀無量壽佛經》中云："……無量壽佛，身如百千萬億夜摩天閣浮檀金色，佛身高六十萬億那由他恆河沙由旬。眉間白毫，右旋宛轉，如五須彌山。佛眼如四大海水，青白分明。身諸毛孔，演出光明，如須彌山。"

"那由他"是古印度的計量單位，有千億或萬億之多。"由旬"是古印度的長度單位，約相當於今日 16 公里。由此可見，印度人想像中的佛巨大無比，簡直就是高不可及。這種塑造偶像的思路，是試圖通過身高來使得佛與普通民眾遠遠不同，讓人仰慕。著名的樂山大佛、北京雍和宮內一根巨木雕成的佛像以及阿富汗巴米揚大佛（已經被塔利班炸毀），都是巨型佛像的代表。普通人往跟前一站，確實"須仰視方可見全貌"，不由得心生敬仰。

其實，佛本來也是相貌普通的人，只是極具智慧。正如《金剛經》中所描述的那樣，也需要乞討齋飯，吃完飯要把腳洗乾淨，坐好，然後開始給弟子們傳道授業解惑。如果參研佛學的成功人士需要靠身高體重來讓其他人仰視，恐怕是有問題的，因為《金剛經》即言：「凡所有相，皆是虛妄，若見諸相非相，即見如來。」

從這個例子中我們可以看出，人對比自己高大的東西會產生敬仰和敬畏，如果自己比對手高大，則會容易心生滿足與輕視。

高高在上

雖然經過幾千年的發展，人類歷史見證了無數以弱勝強、以小搏大的事例，但這並不能推翻人類對高大的仰視規律。反而正是因為這些事例的特殊性和意外性，才得以從更多的強勝弱、大贏小的正常事件中脫穎而出，被傳唱和頌揚。

就個體而言，大家都是普通人，誰能比誰高多少呢？潛意識中的高大至上原則，會讓人出現傲慢等反應。

1、傲慢

傲慢是這樣一種心態：自認為自己比對方好（強壯、富有、高貴……），而且還好很多，不能放在一起討論，繼而認為完全沒必要與對方交流，潛台詞是不屑。

除了擁有名車豪宅、一擲千金和華麗的服飾之外，一個傲慢的人還會有如下的經典反應：這些外在的東西還不夠，我還得比你高一點。踮腳尖、穿增高鞋太低級，我要高高抬起頭，仰起下巴，這樣就感覺高多了。如圖 6-1、6-2。

圖 6-1、6-2　抬頭仰起下巴

　　頭是身體的指揮官，指揮官自己覺得高於對手了，這個仗才好打。乍一看起來，這種想法好像很傻，是嗎？你可以隨意查找一段吵架的視頻，看看這個貌似很傻的反應，是不是放之四海而皆準？這就是長期進化得到的積累，很難有意識地進行控制。平常還能裝裝有修養，只要情緒一上來，立馬顯現原形。如圖 6-3。

　　傲慢和不屑是一種情緒的兩種外在表現。它們的動作反應非常近似：頭向後仰，下巴抬高。因為下巴抬高了，再睜大眼睛看對方會比較吃力（挑釁反應就是這樣，會在第九章"戰鬥反應"中分析），所以常常是上眼瞼順其自然地遮住一半眼球，做居高臨下狀，潛台詞是"我都不稀罕花力氣好好看你"。當然，還有更過分的，有可能會再配合一些搖頭晃腦或者半露犬齒的輕蔑表情。

　　圖 6-4 中是日本黑社會組織山口組二號人物高山清司。他於 2010 年 11 月 18 日清晨在家中被警方逮捕。警方指控他涉嫌勒索。

圖 6-3　爭鬥時的頭抬高

圖 6-4　高山清司

有消息稱，高山清司在警方闖入家中時，正在沙發上坐着，看到警察，依然鎮定自若。他雖然否認警方的指控，但是沒有拒捕，媒體稱其態度十分傲慢。

　　從圖中可以看出，如果單單觀察下巴，由於大量頸部脂肪的存在，是沒有明顯的上抬痕跡的，但是他的頭部整體姿態成水平偏上仰角度（從耳朵的垂直線與水平線夾角來判斷），另外一個重要特徵就是睜着的那隻眼睛（右眼為甚麼閉着不明確，可能有疾病），經典的半睜半閉狀態，凸顯了他內心的傲慢。

　　在日常生活中，非常完整的傲慢反應或者不屑反應並非經常發生，更多的是輕微程度的表現。比如對話的過程中，如果一方出現了這種反應，很有可能是因為他對這個人説的話感到不滿意，潛意識中認為自己的觀點更好更高級。我們曾經對話過一位綜合格鬥俱樂部的教練，當給他觀看跆拳道等其他拳術的訓練視頻時，他就出現了經典的傲慢反應——略微抬起下巴，但嘴上卻很客氣地講："武術沒有高低之分，都是為了強身健體。"這是典型的善意説謊。

　　下巴還具有指向功能，但這種指向絕不會用在應當體現尊重、仰慕和服從的人際關係之間，因為下巴的指向始終透露着一絲輕蔑和自以為是的高傲。如圖 6-5。即使

圖 6-5　有指向性的下巴

圖 6-6　有指向性的下巴（非正面朝向）

是在當今的開放社會，其應用領域也僅擴展到很熟的朋友之間，或者點頭之交（暫時不會有利害關係）、初次相識（還沒有建立起利害關係）等無所謂的交流情境。當然，其自上而下的指示意圖還是一貫存在著的，因為這種小幅度的動作可以讓行為人既省力，又感覺到良好的掌控程度（連手都不用抬）。

如果面孔並非正面朝向對象，而出現了仰頭和抬下巴的動作，則在傲慢心理的基礎上，更加強調了輕蔑的意義（都不願正眼看你），這種姿態往往和挑釁的表情結合在一起，刺激的力度會非常大。如圖 6-6。

如果是對著上級、長輩或者其他應當尊重的人，使用微抬下巴來指向，恐怕最終受損失的那個人是自己。

2、御下

所謂御下，就是對下屬發佈指示或命令。這次不是自認為高人一等了，而是客觀上真的高於對方（地位或權力）。

上級在對下級發佈指示或命令的時候，鮮有出現傲慢反應（因為不是自以為是），更多的是平和與無聲的威嚴。因為不需要動用個人的能量來努力推進或者催促下屬去執行（一切順暢的運轉全部依靠體制或者個人崇拜來促成），因此臉上也很平靜，沒有甚麼表情，就連眼睛，也通常不是完全睜開，上眼瞼往往會遮住一部分眼球（不是仰頭造成的），因為不需要用力看甚麼。馬龍‧白蘭度（Marlon Brando）飾演的“教父”（*The Godfather*），就是因為這種舉重若輕的氣質，征服了一代又一代的人。如圖6-7。

讀罷此段，各位可以多去尋一些佛像來看，研究一下這些被推崇為高人的偶像們，是不是大多面無表情，眼睛半睜（或者説半閉）。如圖 6-8。這才是絕對的高高在上應有的樣子。

3、驕傲

除了傲慢和不屑外，在沒有明顯敵對意識或者統治意識的情況下，還有另外一種常見的情境也可能出現抬頭的微反應，這就是自我滿足，俗稱驕傲（不是貶義詞）。

驕傲來自對自己的滿意認知，即使是為自己的團隊感到驕傲，也最終可以回歸到對自己的驕傲——我是這個優秀團隊的一員！

每個人心裏都會對自己有一個評價，而且對自己的評價都傾向於好的方向，就算是十惡不赦的惡棍或者百無一是的無賴，也會設法找到自己滿意的地方來保持心理健康。如果一個人真的從內心中否定了自己，那麼他的情緒只有一個——絕望，後面會發生很可怕的事情。

圖 6-7　教父的淡定神態

圖 6-8　佛像的平和神態

以自己的自我評價為基線，如果來自外界的評價等於或者高於這條基線，就會直接引發滿意或驕傲的情緒，而這種情緒的表現，就是儘量讓自己看起來更高大一些，包括抬頭、挺胸和眉毛上揚（眉毛的上揚屬於微表情）。

測試案例

總會有初學者迫切地想知道，應激微反應心理分析是不是吹噓出來的偽科學，因此很多人希望第一時間就能體會一下這種貌似神奇的東西。所以，我們很多次使用同一種小技巧來驗證他們的疑惑。當然，我們並不贊成任何無因測試。

一位記者想體驗測試的過程，由於他是突然提出，沒有時間準備複雜的題目，所以對話如下：

記者（以下簡稱"記"）："您能現場對我做一個微反應測試嗎？"

微反應測試人員（以下簡稱"微"）："嗯，可以啊，我第一眼看到你就覺得你比原來胖多了。"（註：該記者上學時曾經上過我們的課。）

記："是嗎？"（眼睛向下看，快速咬了一下嘴唇，略微低頭，聲音較輕，不過很快恢復平靜。）

微："對。"

記："我確實胖了。"（音量提高，語速慢，語氣溫和。）

微："不過我覺得你比上學的時候成熟多了。"

記："那當然了，您見我那時，我還是個學生呢。"（抬頭的動作很明顯，以至於身體略微後傾，臉上笑容豐滿，聲調突然提高，語速很快，語氣歡快。）

聽到第一個問題時，咬嘴唇的動作是經典的安慰反應，眼神的阻斷和低頭都是因為負面情緒而引發的交流中斷，聲音較輕表示神經系統處於消極狀態，且沒有反抗能量，是愧疚情緒的表現。

其實，我們並沒有清晰的關於他是否胖了的記憶，只是一般人如果生活習慣很好，是不希望自己變胖的。因為一旦變胖，就說明生活習慣或者身體機能出現了問題。當我們評價他成熟之後，他的抬頭反應，下巴微揚，露出真實的笑容，說明內心對這個判斷是滿意的，語氣中也透露着開心。

雖然這樣的小測試與是否說謊沒有直接關係（因為對方沒有甚麼說謊的必要），但通過否定評價和讚揚兩個連續的刺激，還是使被測試人產生了明顯的反應。

服從的誠意

1、低頭

與抬頭的自我拔高相反，低頭表示讓自己低於對方，常用於表示禮貌、謙遜以及服從（包括誠心服從和委屈的服從）。低頭表示降低自我定位，但結合其他的微反應線索，還可以判定其想要表達的情緒及其程度。當然，就算是低頭自降，也有真假之分。如圖6-9和圖6-10。

圖 6-9

圖 6-10　低頭而脊柱直立

圖 6-11　低頭而脊柱彎曲

如果低頭的同時，脊柱保持直立狀態，且具有一定的力度，則多用於表達服從。與點頭認可不同的是，低頭的動作最後要保持住面孔朝下（包括斜下方）的狀態片刻。這種服從，僅僅針對事情，至於當事人是否認同所接受的信息，則需要結合表情和其他微反應信息來判斷。當然，如果能判斷出迫使當事人接受的信息（不一定是命令）是不合理的，那麼這種脊柱直立的低頭反應，則大致可以作為他屈從而內心並不認同的依據。

一般來説，當有人犯了錯誤，如果心懷愧疚的話，就會出現圖 6-10 中的反應；但如果心裏是不服氣的，則可能用圖 6-9 這樣的姿態來表示內心的反抗。

如果低頭的同時，脊柱是彎曲的（不一定到駝背那種程度），甚至身體的其他部分也順從地心引力，呈現彎曲或者降低的狀態，那麼就可以判定當事人沒有反抗的心態（不一定認可，但不想反抗）。如圖 6-11。中國古代禮儀的叩首、磕頭就是典型代表。在現代社會，站姿中如果低頭的時候脊柱呈彎曲狀，則可以説明當事人完全認同彼此之間的身份差異（自己比較低），或者因無力反抗所接受的信息而放棄堅持。

需要指出的是，出於禮儀要求或者禮貌素養的有意識動作，不能按照上述分析來判斷行為人的內心。例如，我們經常可以看到公眾人物（犯了錯的官員、吸過毒的明星）道歉，而道歉的最基本方式除了説之外，還有鞠躬。如圖 6-12。鞠躬是現代社會的禮儀規則之一，大家都會使用，某種程度上講，是完全刻意培養出來的行為。尤其是，在醞釀和準備了很久之後，才在公開場合露面並致歉，鞠躬的程度不能作為判斷其心理狀態的依據。我們需要關注的是人在受到意外刺激後，不經意的身體姿態變化。

圖 6-12　日本豐田公司總裁豐田章男鞠躬道歉

2、藏臉

　　低頭還有另外一種心理動因——把臉藏起來。這類低頭的動作並非出自降低自我定位的心理狀態，而更該屬於一種逃離反應，希望對方減少對自己的關注，從而獲得心理狀態的改善，常見於羞和愧兩種情緒的出現。至於電視劇中壞蛋們把頭低下去的同時，眼珠轉來轉去的特寫鏡頭，太過誇張，完全不在微反應的研究範圍之內。

　　人類的相互識別中，面孔是第一關鍵點。絕大多數人是靠面孔之間的差異來記憶並區分不同的人。因此普通人潛意識裏認為，如果能把臉藏起來，自己也就不會被關注得那麼多了。

　　害羞其實是一種憂慮情緒，擔心對方發現自己的不足而減少喜愛程度。這種情緒表現雖然逐步摻雜了很多高級的文明在其中，但實質並未改變。比如，少女被誇獎的時候，容易出現害羞表現（心裏雖然美滋滋的，但還是想"我有這麼好嗎"），而見過大世面的女藝人則很少出現類似反應（要麼不當真，大家客客氣氣；要麼頗具自信，完全認同所得到的讚美）。一旦害羞起來，就會下意識地低頭，試圖讓對方看不到自己的臉，卻全然忘記了自己的身體反應和手足無措同樣能暴露心理狀態。

與害羞相似的是，慚愧也多少帶有一些憂慮情緒，但沒有害羞時那麼重，因為害羞是不確定，內心更傾向於相信自己真的有那麼好，而慚愧一般出現在自己很清楚地認識到自己的錯誤或不足之時。而且慚愧的起因，多半源於對方的謬讚或者批評（通常批評的程度低於不足或錯誤的程度），從而自我評價與客觀評價不平衡（自我評價更低），因此擔心客觀評價的繼續降低，比如謬讚的人發現事實真相後的態度轉變，這種變化的方向和量是很讓人難過的。

還有另外一種反應——閉眼或者眼睛向前下方看（上眼瞼很低）。這個反應表達的情緒和心理狀態，在特定情境下與低頭的含義是一樣的，只是可能沒有低頭這個動作的配合。如圖 6-13。就是因為這個差異，所以，閉眼的動作不一定代表羞或愧，還可能是厭惡，要結合其他表徵來共同確定。

圖 6-13　伍茲 (Tiger Woods) 道歉時的表情

3、高低定位的變形——酒文化

在中國的酒文化中，有一個很有意思的現象。在酒桌上，尤其是席間人物身份有高低之分的時候，身份低的人通常會與身份高的人的酒杯中下部碰杯，身份高的人也很坦然，心照不宣地接受這種身份的定位行為。雙方之間的差異越大，杯口之間的高低差距也就越大。如果雙方很客氣，還可能出現兩個人較着勁往下放酒杯，頗有不爭個誰更低出來就誓不碰杯的氣勢。

這是高低定位的變形形態，也是仰視反應的體現。

4、腿腳的反應

除了用抬頭、低頭、挺胸、彎腰來塑造身體的高低差別之外，腿和腳的反應也能映射出自認弱勢的心理狀態：

小心時，會謹慎邁步，幅度和頻度都很小；

謙遜時，會併攏雙腿，並向後略退一小步；

奉承和巴結時，會把雙腿筆直併攏（現代禮儀），或者自然屈膝，呈下跪的趨勢（古代禮儀）。具體表現，大家可以參見大量清宮戲中的奴才動作，這些清宮戲把做臣子的人對上級（一般是皇上）的恭敬、諂媚和懼怕表現得淋漓盡致。

尊重與互惠

如果雙方的身份、地位等社會屬性相對平等，那麼出現傲慢或者服從的微反應的幾率就會比較小，更多的情況是彼此尊重和互惠的種種反應。

1、點頭

點頭是一種常見的打招呼的禮節。點頭其實是低頭尊重與服從的變形反應,在時間長度和動作幅度方面都有所減少。正因此,點頭的原始意義在於表示對對方的認可或尊重,但沒有那麼明顯的等級差異因素。

2、四種不同握手

握手禮節的來源會更有趣一些。最初的握手並不是出於禮貌,而是為了證明彼此雙方都沒有手持武器,可以放心地來講一些事情,不用擔心出現武力鬥爭而危及身體。

根據我的分析,這種禮節不太可能出現在中國漫長的封建社會中,因封建社會有兩大特徵:一是等級森嚴明確,需要使用禮節的雙方基本上都存在高下之分,少有武力鬥爭的可能性,而需要動武的雙方則是統治者與反抗者這樣的對立關係,不太需要使用禮節;二是禮儀紛繁複雜,教育正規且深入人心,要表示下級對上級的絕對服從和敬畏,不太可能用簡單的一個動作來表示心意,即使是同級(階層)之間,也會客套地使用作揖這樣的大禮節(頭、脊柱、手一起動作)來表示彼此之間的和睦關係。因此,握手禮更可能出現在不具備如此複雜社會階層關係的古代西方社會。

在現實生活中,握手是一件很微妙的事情,尤其是不熟悉的人,通過彼此之間的第一次握手,可以獲得一些額外的信息。

(1)純粹禮節性的握手

禮節性的握手中規中矩,一般是在雙方第一次見面,而且彼此都不太了解對方時出現。這種握手最大的特徵是時間短、力度小,一觸即散。如果是異性之間,則可能不會全部手掌相握,只用手指進行淺嘗輒止的接觸，尤其是女性主動或佔據優勢的時候。這樣的握手，表示雙方暫時保持絕對的獨立，需要進一步接觸才能加深關係。如圖 6-14。

(2) 平等趨近的握手

圖 6-14　純禮節性握手

如果雙方彼此已經比較了解（哪怕沒見過面），而且相互認同甚至惺惺相惜的話，握手時則會全手掌相握，同時適當用力，上下搖晃，但時間不會很長。當你感受到對方給你的回饋（力度、幅度、時間等）是等同的，則說明對方也期待着和你有進一步的交流，希望彼此之間的關係再進一步。如圖 6-15。

圖 6-15　平等趨近的握手

(3) 有地位差異的握手

如果握手的雙方之間存在優勢差異，比如職務、職位、財力等方面，那麼一般會出現明顯的行為不對稱。比如上司接見下級，或者在商務合作中的祈求和授予關係，身處強勢一方的人握手時都會讓對方感覺到平淡，既不會太用力，時間也不會很長，晃動的幅度也不會很大。反之，身處弱勢的一方，則會傾向於比較用力（當然還在適當範圍內），讓強勢方先鬆手（以表示趨近和尊重），但握手的幅度會聽憑對方掌控。如果雙方之間身份差異或者勢力差異比較大，弱勢的一方還可能不由自主地把另一隻手也添加上來，用雙手捧握或扶住手臂。如圖 6-16。

圖 6-16　有地位差異的握手

這些特徵，可以用於判斷對方在面對你的時候，其內心的自我定位，為你下一步的決策提供支持。

（4）施壓的握手

握手的人也可以通過這個短暫的禮節來進行較量。希望告知對方自己很強勢的一方，通常會很用力握手（顯示力量），同時在晃動的時候，做下壓動作（顯示地位）。如果你遇到了這樣的握手，則說明對方內心深處想要置你於較低的位置。這種握手的動作不一定是有意為之，當對方心存敵意的時候，可能會不由自主地作出這樣的反應。如圖 6-17。

圖 6-17　施壓的握手

3、真假擁抱

擁抱是一種比較熱情的親近禮節。

標準的擁抱動作，有兩個必要構成條件：一是身體正面（胸腹面）貼在一起，距離近到不能再近；一是手臂要摟住對方的身體並向自己一方用力，作出再近一步縮短彼此間距離的努力。如圖 6-18。正是因為這種身體間的親密無間，才造就了這樣一個通用的禮節，用以表達彼此情感關係（不是特指男女之間的愛慕情感）上的親密無間。

圖 6-18　標準的擁抱

但是，在這種動作成為通用禮節之後，即使心懷芥蒂的人，也會在特定的場合，尤其是眾目睽睽的公眾場合，違心地使用這樣的動作，表達彼此間的親近，以便讓其他人知道："我們之間關係很不錯的，相信我們吧！"這樣的違心擁抱，由於內心的不親近，還是會露出比較明顯的破綻。違心擁抱的典型特徵，就是不符合標準動作的兩個必要構成條件：軀幹距離和手臂用力。

第一種違心擁抱的表現，是對軀幹胸腹面的距離控制。兩個人面帶笑容走到一起，張開雙臂，熱情地歡迎對方。但是，在抱在一起的一瞬間，則只有肩部和頭部貼在一起，自胸部以下，都沒有接觸。而且，能看出來是有意使軀幹和腿移向遠離的方向。如

圖 6-19　違心的擁抱

圖 6-19。軀幹和腿的遠離，暴露了內心中真實的矜持或疏遠。

　　第二種違心擁抱的表現，是雙臂將對方拉（摟）近的力度過輕。在政治家們會面的時候，經常會看到類似的情景。擁抱的雙方對頭、軀幹和腿腳的距離控制恰到好處，沒有明顯的分離痕跡，但雙手的擁摟僅僅是點到為止，沒有任何真要將對方拉（摟）近的意思，更多的時候，是輕輕拍拍對方的後背以示友好。

　　當然，不論哪一種，違心的擁抱不一定是陰險的、惡意的，也許僅僅是因為彼此之間並不熟悉，僅僅是因為需要使用社交禮儀來給他人一個交代，而雙方之間的關係，則可能是平和而善意的。

4、拍照站位

　　如果是公眾活動，在握手寒暄後，很可能接下來就是一起照個相留念，同時告知天下，雙方的合作是真誠的，前景是美好的，彼此之間的關係是親密的。比肩而站，有時甚至彼此手臂相摟，意在通過軀幹之間的距離，暗喻心理之間的距離。關於距離的掌控，我們將在後面兩章中詳細剖析。

　　但是，在二維畫面中，如何體現自我的定位以及與對方之間的關係，卻是很講究的一門學問。

　　主人（主辦方）由於身處自己的領地範圍（領地意識將在第八章中詳細討論），所以概念上處於強勢地位，除了表示熱情歡迎之外，還會採取授予的姿態來展現各種動作形態。

　　熱烈的歡迎通過兩個方面來表達，一是熱情握手以表誠意，二是給客人留出更多的展示機會，因此通常是自己在左側（右手握手情況下），讓客人能夠把身體的正面盡可能多地展示給相機和攝像機。當然，這一表徵要受接待環境的具體情況限制，不能一概而論。

　　另一方面，由於授予一方通常手心向下，而祈求一方則手心向上，所以在握手的時候，主人一方通常是自上而下地與客人的手握到一起，而客人一方則多是以自下而上的迎接姿態來完成整個動作。這一點與之前講過的有地位差異的握手相似，當然其心理驅動力則完全不同。

實用速查

仰視反應類型	一級分類	微反應動作	情緒
高高在上反應	傲慢反應	抬下巴、抬頭、挺胸、半閉眼睛	自我定位較高,傲慢和挑釁
	有掌控感	平靜、不吃力	強勢掌控,鬆弛,不屑於費力
	驕傲	抬頭挺胸、眉毛上揚	群體認同和自我認同,為自己感到驕傲
服從反應	低頭	低頭,注意觀察脊柱的彎曲程度	慚愧、羞、委屈、服從
		輕微低頭、面孔向斜下方,試圖掩藏	
	閉眼	眼瞼閉合	慚愧、厭惡、羞
	酒文化	敬酒時有意向對方酒杯下方碰杯	謙卑
	腿和腳	腿和腳的謹慎反應	謹慎、恐懼
尊重和互惠反應	握手	禮節性握手	無
		平等趨近的握手	無
		有身份、地位差異的握手	無
		施壓性握手	威脅、挑釁
	擁抱	軀幹貼合的擁抱	真擁抱,顯示熱情和趨近
		軀幹分離的擁抱	假擁抱

第七章

喜愛——以愛情的名義説事——愛恨反應

人和人身體間的距離，可以體現出彼此之間的心理距離。從熱戀中情人的親密無間到對厭煩者的避之唯恐不及，身體距離遠近可以透露出內心真實的愛憎傾向。如果兩個人之間的距離始終無法靠近，那麼就可以判斷迴避方的心理狀態為排斥或厭惡。

生物最大的需求是生存和繁衍。

人類的愛情，不論多麼複雜，溯其根源，皆來自對繁衍的需求。對於異性身材的喜愛，源自對優質繁衍能力的期待。雄性動物身材好，說明運動能力強，捕獲食物的能力強，戰鬥的能力強，可以給雌性動物提供安全感；男性人類身材好，至少說明生活習慣健康，其次也可以說明運動能力和安全係數比較高。社會對於女性身材的審美標準略顯複雜，但總體來講，天性中欣賞的，還是女性身材中暗示着優質生育和哺育能力的外在特徵。

人類對於異性面貌的喜愛，源自對健康體質的期待（骨骼、肌肉、皮膚的良好發育和分佈，以及五官的均勻對稱），雖然絕大部分人對此並不明就裏。群體性心理影響可能會形成不同的社會審美標準，但這一基礎原則傾向趨同。

至於愛情中的其他訴求，比如對性格、脾氣、志趣、道德水準等人格特徵的追求，則是希望彼此的相處能夠更加融洽，以及家庭與社會的相處能夠更加融洽，以減少共同生活的不必要成本和負擔（有物質的，也有精神的）。這是文明社會的特殊需求，是後天培養出來的社會性準則，因此不在本書的討論範圍之內。

總之，人的本能反應，還是源於偏動物性的需求，愛情的根本動力也源於此。

羞澀

1、羞與澀

澀，是指因"羞"的情緒而表現出來的反應生澀，不流暢，不自然。因此，我們觀察到的是"澀"的微反應，但真正要分析的是"羞"這種情緒本質。

羞其實是一種因為不夠自信而產生的擔憂情緒。在沒有充足的感情經歷之前（不僅包括愛情，還有其他感情種類），人對自己的被認可度不會有很清晰的認識，因為這種自我認識是需要通過不斷的實際接觸來積累的。感情是雙方的交流產生的，哪怕是純粹的精神交往。所謂情商，不過是對自己和他人感情方面的認知和掌控程度，相處過的人多了，情商自然也會相應增加。

不過，這段話可不是給那些花心人士提供託詞和藉口，因為情商不一定非得通過戀情來培養。不管是從小的家庭環境和父母培養，還是與社會上任何人之間的非事務性導向的交往，都能成為積累情商的過程，戀愛只是其中的一部分。

因此，少男少女容易害羞，而年紀大的人則少有，這並非是人們常說的臉皮厚了或者無所謂了，而是因為對自己的認識越來越充分了，該自信的地方就自信，該不參與的地方就不參與。有自知之明的人，較少會讓自己陷入不自信的狀態中。

現在再轉回來講講害羞的情緒反應。除了愛情中出現的害羞之外，被別人表揚，或者試圖以正面形象出現在很多人面前的時候（比如作為優秀員工的代表發言），因為不確定自己能否被別人喜愛，或者不確定自己被別人喜愛的程度，因此在面臨這種情境的時候，會擔心得到否定的或者讓自己失望的答案，於是就會產生擔憂，有人說是緊張，其實緊張也就是對未知狀況的擔憂。

2、臉紅甚麼

臉紅，是害羞的經典表現，是血液循環受情緒影響而改變的緣故。在擔憂的時候，血液循環會在自主神經系統控制之下，將大量的血液集中輸送到頭部（試圖設法解決所擔憂的狀況），輸送對象包括大腦組織，當然也包括面部皮膚。皮膚下面毛細血管中的血液增多，臉色自然就會變得比平常紅。"心如鹿撞"和"面紅耳赤"在涉

圖 7-1　害羞的表現

及感情的場景中，是常常被用來形容當事人感受和反應的兩個著名成語。

按理說，腦組織中的血液和氧氣多了，人應該更靈敏，反應更快，這似乎和害羞的人實際情況不太一樣。有兩個原因會導致害羞的人頭腦不夠清醒。一是因為大腦皮層負責的記憶、推理和邏輯判斷在情緒衝動的時候，沒有用武之地，因為這種功能建立在生存和繁衍的動因之上，不是最根本的基礎需求，而是衍生需求。而負責主管情緒的卻是中低級腦器官，血液越多，情緒就越衝動，越衝動就越想不清楚。"衝冠一怒為紅顏"就是基礎需求優於衍生需求的典型案例。二是因為擔憂自己能否被喜愛或被喜愛的程度，全部腦力都集中在這個自己不可能想出答案的問題上，想了也白想，越想越亂，因為這件事本就與邏輯無關。

與害羞一樣的臉紅反應，還可能出現在戰鬥（包括備戰）狀態，其原理與反應也與害羞很相似，差別不過是所關心的不是感情，而是生存。這個問題將在第九章詳細討論。

儘管害羞的人都是希望自己被喜歡或者被認同的，但同時又擔心對方會給出否定的答案，因此這種對未知負面刺激的擔憂還會引發一種奇怪的心態，就是設法減少自己被關注的程度，潛台詞是："看不見我就不會不喜歡我了吧？"

因此，除了臉紅之外，害羞還有一種經典的反應是低頭，試圖把自己的臉藏起來。如圖 7-1。眼神的接觸也會斷斷續續，生怕看到甚麼讓自己失望的情況。有的時候需要鼓足勇氣，才能抬起頭來或者直視。這個鼓足勇氣就是賭一把的心態，對方接受或認可，就是賭贏了；對方否定，那就認了，要麼忽視，要麼整裝再來。

3、公眾人物也不例外

前文中提到過，一般感情經歷較少的人容易害羞，年長或者閱人無數的人則不太容易出現類似的反應。但這並不是一定的，在具體的情境下，只要人有擔憂，就可能出現羞澀的樣子。

測試案例

我們測試小組有一次參加某檔電視節目的錄製，節目的內容是訪談某位成功男士，為了把節目做得生動而飽滿，還邀請了他的女朋友，某位時尚界著名模特作為親友團一起接受訪談。

按照常理，作為小有名氣的模特，工作的常態就是暴露在公眾目光之下，把自己比較美的一面展現出來，應該屬於很有自信的那一類人。但是，由於這次是作為男嘉賓的親友出席，可能心裏不光想着自己怎麼不丟人，還得照顧到另外一個層面——別給他丟人。因此，當主持人盛讚她"很漂亮，要不是因為自己和 ××（男嘉賓名）是好朋友，我也會喜歡上你的"時，女孩子的臉瞬間紅了，並出現了低頭的同步反應。大概是因為她沒想到主持人會用這種方式表達讚美吧，經驗豐富的美女也像不諳世事的小女孩一樣羞澀。

當然，從我們的專業角度講，這種反應也有可能源於意外。主持人的表白對於她來講，有點出乎意料之外了。其內心中的潛台詞也許是："你怎麼這麼說呢？這麼多人看着呢。"或者是："真的假的啊？"（雖然最後不會當真，但那一瞬間還是沒想到，有些意外，有些不敢相信。）又或者擔憂另外一件事情："你這麼說，他會不會介意啊？！"

無論如何，這樣的反應，可以推測出女孩內心的情緒是對於這種評價的緊張，可能摻雜有意外，也可能是擔憂其男朋友的反應。

允許你靠近我——距離的控制

1、甚麼是愛情

這個問題多少年來都是只可意會，不可言傳。不過美國耶魯大學的斯騰伯格（Robert J. Sternberg）教授總結出了關於愛的三要素理論，還是比較準確的。

這三要素是：心理親近、生理熱情和持久意願。三者缺一不可，是為完整的愛情。如果只有心理親近，叫做喜歡；只有生理熱情，叫做衝動；只有持久意願，叫做空愛。三個要素中，如果缺乏持久意願，那麼可以把這種狀態叫做浪漫愛；如果缺乏生理熱情，則叫做柏拉圖式的愛情；如果缺乏心理親近，則叫做愚蠢的愛。三者皆全，是為真愛。

按照這個定義，愛與不愛就不是我們此刻主要討論的問題了，因為持久意願不是應激瞬間反應研究的對象。那麼，讓我們從"喜歡"開始。

2、四種心理距離

心理上的彼此親近，會通過距離上的靠近來體現。這種意識，與野生動物的領地意識非常相似。對於自己能接受的人，就會允許他靠近，而對於厭惡的人，則似乎會感受到潛在的傷害，盡可能將其身體控制在安全線以外。

按照美國人類學家霍爾（Edward Twitchell Hall）博士的研究，人和人之間的物理距離會代表彼此間的心理距離，大致可以分為四種：

(1) 公眾距離（public distance）。這個距離是彼此互不熟識的人之間的距離，霍爾博士定義的是 3.6–7.5 米。美國人的研究風格就是以大量統計數據作支撐，以顯示其科學性和嚴謹性。但這個數據的定義已經不可能適合人口爆滿的地球了。在街頭的陌生人很有可能就和你擦肩而過，並不是因為你在意識中認可他們闖入你的公眾距離，只是這種情境你不會在意而已。

(2) 社交距離（social distance）。這個距離是常規社會活動時，如辦公、開會等，比較適宜的距離，霍爾博士定義的是 1.2–3.5 米。

(3) 私人距離（personal distance）。這個距離是朋友、熟人或親戚之間往來時常見的距離，霍爾博士定義的是 0.45 米到 1.2 米之間。

(4) 親密接觸（intimate distance）。這個距離則是非常近的親密關係體現，從沒有距離到 0.45 米。人可以允許關係密切的人身處自己的這個範圍之內，比如說夫妻或戀人之間。

如果一個人允許甚至樂於其他人靠近自己（偽裝的不算），說明他在心理上與其他人的距離也比較近。戀人之間的擁抱、依偎和纏綿，就是這種心理狀態的極端表現。反之，如果發現兩個人之間的距離始終無法靠近，要麼是雙方都刻意保持，要麼是一方作出積極努力，但另一方卻總是有意遠離（可能看似無意），那麼就可以判斷疏遠者的心理狀態為排斥或厭惡。

舉一個很好玩的例子。

夫妻之間吵架是經常的事情，普通的吵架不會傷害到彼此的感情，來得快去得也快。比較積極的一方經常想要在適當的時候表示友好，以促進關係的正常化。最大的難點是，如何儘早對這個"適當的時候"作出準確判斷。如果時機判斷不準，太早可能會"熱臉貼了冷屁股"，太晚了則可能耽誤最佳時機而加深矛盾。

距離，就是一個很好的分析線索。比如，吃飯的時候，如果對方允許你用筷子同時在同一盤菜中夾菜，甚至可以接受你看似無意的筷子的觸碰，那麼這個線索就足夠清晰了。因為如果對方還處在生氣的狀態下（不滿、厭惡），是會很介意這個親密的距離的（筷子接觸的是嘴）。

這種有用的小線索不勝枚舉。當然，你還可以結合表情、語義和肢體語言等多方面線索進行綜合分析。

如果你覺得這麼說聽着有點可怕，那就對了！我要在這裏鄭重提醒所有試圖用微反應進行分析的人，最好不要故意分析自己身邊的人。坦誠相待是最好的辦法，偷雞（機）不成可能損失的不只是米。

3、愛情距離坐標軸

我們在通過人和人之間的距離來分析心理距離時，可以將男女之間與愛相關的親密程度和厭惡程度作為兩種極端的參照（因為這

圖 7-2　戀人間腳的觸碰

是原始需求和基礎需求）。熱戀中的情人之間彼此的感情接受程度最大，因此他們之間的距離控制可以作為積極反應的最大值。

戀人之間的關係升級，一般從拉手開始，而且對於情竇初開的少男少女而言，第一次拉手那種緊張激動興奮的感覺久久不能忘記。進而，腿和腳的接觸是比手的接觸更加高級的親密表現。如果戀人之間用腿腳進行輕微的接觸和摩擦，一般可以認為這已經升級到性慾萌動的表現了。如圖 7-2。親密關係沒有發展到一定程度的男女，是不可能在心理上接受這種行為的。

反之，厭惡是這一類情緒的負面極值。比如，如果男人和女人之間比較親密（不一定是戀人關係，可以是很好的朋友），那麼肢體的接觸則會很自然，並不會被當事人特別注意。但是如果男人和女人之間比較生疏，那麼肢體的接觸會讓一方當事人明顯感覺到彆扭。

因此，我們在社會交往場合中，可以觀察到兩種值得注意的現象。

如果你不確定一男一女之間的關係是否親密，可以注意觀察他們之間是否有近距離的接觸。如果雙方都沒有對距離的靠近甚至身體接觸作出明顯反應，則說明二者之間是可以彼此接受的。當然，

圖 7-3　對觸碰厭惡

除非是接觸了敏感部位（包括腿和腳），否則不能判定兩人之間存在情愛關係。

　　另一種情況是，你已經確定男女之間的關係並不是很親密，那麼如果出現了一方主動地觸碰另外一方（男性主動的情況比較多），有可能是很輕微地接觸不敏感部位（如扶一下手臂或者後背），而被動方會出現敏感的負面反應，多數情況是輕微的逃離，也有可能是僵在那裏不知所措，則説明施動方對被動方有非分之想。如圖 7-3。程度嚴重的，我們可以稱為性騷擾。

　　當一個人討厭一個異性的時候（多數情況是女人厭惡男人），別説不允許靠近或拉手，為了逃避對方，跑到異國他鄉都是有可能的。

　　圖 7-4 顯示的是愛情距離坐標軸。利用這個坐標軸，不光可以判斷男女之間的心理接受程度，也可以推廣為同性之間的判斷標準，大家可以比較清晰地通過人和人之間的距離來判斷心理狀態。身體之間的距離遠近與心理之間的接受程度成正比。

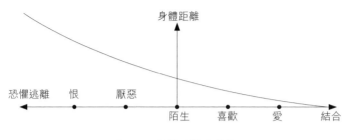

圖 7-4　愛情距離坐標軸

因愛而恨

愛情的過程中，不僅僅有不安、甜蜜和厭惡，還會因為愛所以恨。但是一個"恨"字，太過於籠統，其中包含的不同細節還是很有些差別的。

1、憤怒

人都喜歡自己，也希望別人喜歡自己。如果別人的看法與自己的看法相同，則會產生滿足和自信的心態；如果別人的看法比自我認知還要好，則會產生高興和喜悅的心態；反之則是沮喪和失落。但是，如果被自己心儀的人否定了，這種打擊則是雙重的，因為不但被否定了，還是被最希望能肯定自己的人給否定了。這樣的心理落差，會產生嚴重的負面刺激。

受到這樣的刺激，客觀一點的還可能自省，不斷改進自己的缺點或者尋找能肯定自己的其他人；但如果落差超出了當事人的心理預期值，變得不能承受時，就會激發憤怒的情緒，進而忽略自己的缺點，怨恨對方。

憤怒是可怕的情緒，與動物為了生存而拚死搏鬥的情緒完全相同。因愛而生的憤怒，可能會造成嚴重的後果。

《神雕俠侶》一開始就出現的女魔頭──"赤練仙子"李莫愁，

就是因愛生恨的經典案例。

李莫愁本是古墓派的女弟子，品貌、武功都非常優秀，更難得的是人品善良。在不顧男女之嫌為少年英傑陸展元療傷後，義無反顧地愛上了他。

陸展元當時並沒有告訴李莫愁自己已經心有所屬，李莫愁對陸展元一往情深，最終背叛師門。從古墓出來後，李莫愁滿心都是美好的幻想，直到抵達陸家莊，看到了陸展元與何沅君拜堂成親的一幕，遭到了滅頂的打擊，痛不欲生。

李莫愁以為是陸展元移情別戀，於是從仙子變成了令人聞風喪膽的"赤練仙子"。她開始用殺人來發洩自己的憤怒，用奪走他人快樂來平復自己的心靈創傷。

直到最後，李莫愁的死才讓大家徹底明白，愛情給她的傷害有多大。

問世間情是何物，直教生死相許？

似李莫愁這樣受到情感傷害而變得可怕、可憐的人，在金庸、古龍等武俠大家的筆下還有很多。《天龍八部》中的李秋水、《倚天屠龍記》中的周芷若、《絕代雙驕》中的邀月宮主等，無不讓人欷歔感慨。

2、嫉妒

兩個人的事情尚且好辦，三個人之間的愛情抉擇最讓人欷歔。

追求愛情的過程因為第三人的出現而失去美好結果的時候，往往可能出現兩種情緒，一種叫做自慚形穢，一種叫做嫉妒。這兩者看起來完全不同，其實不同的只有當事人在失去愛情之後的表現：一個放棄，一個不服，其心理狀態的成因卻是相同的。

被心儀的人否定不算很嚴重，因為這只是單方面的觀點，當事人可以選擇不認同或忽視。但第三個人在感情上取得的勝利，給之前的否定性評價提供了強有力的佐證：「你看，不是我瞎說吧，我找到了更好的證明給你看。」這種打擊，無疑就是三重的了：被否定了，被最希望能夠肯定自己的人給否定了，還有第三方佐證。這樣的刺激，比單純的憤怒更嚴重，所以可能引發徹底的放棄，但也有可能造成更加嚴重的憤怒，甚至讓人失去理智。

回天無力的時候，產生的往往不是怨恨，而是無奈。有的人被打趴下了，完全順從地跟着否定自己：「你說的是對的，他確實比我好，我好差啊！」這就是自慚形穢。有的人被打憤怒了，但因為無奈（不知道該怎麼做，或者知道做了也白搭），只好把這憤憤不平留給自己長久念叨：「他為甚麼會比我好？！」這就是嫉妒。

但如果是被激怒而失去理智，往往會產生具有變態嫌疑的惡劣結果。

2009 年 1 月，赴美留學的中國博士朱海洋愛上同樣赴美留學的女生楊欣，但是楊欣已有男朋友並計劃結婚，因而拒絕他的求愛。朱海洋從而由愛生恨動了殺機。在認罪聆訊中，朱海洋承認是楊欣的拒絕「迫使自己殺死她」，因為自己「太愛她了」。行兇過程中，朱海洋將楊欣的臂部和手部砍傷多處，而且最終將被害者頭顱割下。據報道，警方趕到時，朱海洋手中還拿着楊欣的頭。

說到底，因為愛而產生的憤怒或嫉妒，都源自被否定。別人給出的評價比自己的自我認知要低，會造成負面情緒的產生。雖然這兩部分內容沒有討論到相關的微反應（相關的表情會在《表情的真相》一書中探討），但能夠總結出這兩種重要情緒的心理成因，也是很重要的發現。

在測試的過程中，如果能夠分析出憤怒或者嫉妒的成因，就可以找到測試中的核心關鍵點。從技術角度講，確定的成因可以形成有效的刺激，一旦憤怒或嫉妒情緒出現，真相是很難靠主觀意識掩飾住的。

實用速查

刺激源	情緒	微反應
愛	羞	低頭、扭頭、藏臉、臉紅、手足無措
	從愛到恐懼	控制身體距離，從親密無間到遠遠逃避
	因愛而恨，產生憤怒或妒忌	可能產生很嚴重的行為，無法限定具體反應

第八章

這是我的地盤——
領地反應

在自己的地盤裏，人享有絕對的權威，會表現得放
鬆、自信，感覺被他人尊重、認同。如果有人敢於
挑戰自己的領地範圍，則會引起強烈的警覺和反
擊。因此，觀察人的姿態和動作，可以判斷出其心
中是否具有掌控感；而刻意冒犯掌控者的領地範
圍，則能激起強烈的憤怒，使其洩露出更多的內心
秘密。

在自然界，許多動物都會嘗試建立自己的領地範圍，俗稱"圈地"。領地的建立，其實是動物之間一種心照不宣的規則，對於試圖進入該領地的入侵者，必須拿實力（搏鬥能力）說事，拚個高低死活。所謂成王敗寇，能打的就佔領別人的領地，惜命的就再找軟的捏。

這種規則的建立，另一方面的含義就是，領地範圍一經劃定，不動手還好，動手就是你死我活的事情，性質很嚴重。因為這份嚴重，導致野生動物具有強烈敏感的領地意識：領地被侵犯，往往意味着死亡（被趕走了也就離死不遠了）。因此，劃定領地的時候就要根據自己的實力，科學勘測，嚴謹圈定，一旦領地被侵犯，那就立即進入戰鬥狀態。

這兩個心理習慣，隨着進化的積累，也成為了人類的本能意識。領地意識，代表着對內的權威和對外的拚死防禦。

自尊

自尊就是對這兩個方面的追求：對內的自我認同（認為自己應該享有某種權威）和對外的防禦（不能讓別人看不起自己）。

1、自我認同

自我認同的心態，有兩個基礎，一是自己的真材實料有多少，屬於自我認知；一是別人對這些真材實料的認可程度。如果確有一技傍身，自尊就具備了客觀基礎，再加上別人也給予了肯定（等於甚至高於自我認知），自尊就具備了主觀基礎（滿意外界的肯定）。

相反，如果沒有真本領為基礎，卻能得到別人的恭維，這樣形成的良好感覺是虛的，如同皇帝的新衣，只要有人說破事實，就會引發當事人災難性的信心崩塌。因為從被尊重（儘管是假的）到被鄙視，這之間的心理感受落差太大了，貪慕虛榮的人根本無力承受。一旦發生這種情況，容易引發強烈的尷尬和悲傷反應，但較少出現憤怒，因為自己基礎不牢，怪不得別人。

如果確有某種本領，但這本領的品質或者性質得不到大眾認可，也就是說缺少別人的肯定性評價，這種情況下的自我認同是不穩定的。面對這種情況，當事人只會做一件事情，就是積極尋求別人的認同，甚至會因為屢戰屢敗而導致性格和行為方式變得偏激（往輕了說是執着，往重了說是變態）。經過一段時間後，可能會演進成兩種截然不同的結果。

結果一：一段時間的努力過後，換來了相應的認可（質和量暫且不論），這會對當事人形成巨大的鼓勵，支持他在這條道路上越走越遠（因為“成功”不易），同時其“執着”的行為方式也會得到進一步加強（成功會緩解部分偏激）。

結果二：若努了半天力卻沒得到想要的結果，就會激發出嚴重的自卑心理，繼而引發很多可悲甚至可怕的後果，大致能夠分為兩類：一類是自閉，也就是放棄自尊；一類是變態，強行要求獲得他人的認可，為達目的不惜一切代價。

2010 年 10 月，某電視台曾經播出過對一位“選秀專業戶”的心理訪談。節目中的那位小姑娘，自述從小在軍人家庭中成長，因缺少嚴厲父母的承認和肯定，一直希望能夠得到父母的認可。在這樣的成長經歷基礎上，成年後開始頻繁參加各類選秀節目，屢戰屢敗。不顧大眾的質疑和選秀評委的批評，堅持要在這條道路上走下去。暫且不論她的本領品質和性質如何，也不論這背後有沒有經濟利益的驅動，至少為了證明自己，這個小姑娘所表現出的心態，完全符合上述心路歷程，讓人欷歔。

2、對外防禦

如果自尊已經在同時具備了自我肯定和他人肯定的基礎上成功建立起來，那麼接下來的表現，就是防禦可能存在的不尊重（誰也不會被百分之百地認同，喜歡和罵總是並存）。這種防禦意識，和野生動物對領地的防禦意識完全一樣，只要領地受到挑釁和攻擊，必定給予有力的反擊。同理，自尊受到質疑或攻擊的時候，引發的反應也必然很大，最容易出現的情緒就是憤怒，甚至會引發攻擊傾向。

2010 年 11 月廣州亞運會期間，中國的某位男子足球運動員在輸球後，憤然通過"微博"（MicroBlog）連續發出三條評論，其中使用了非常難聽的語言謾罵球迷，認為球迷是影響進步的關鍵，落井下石、沒有創意、不懂裝懂、智商低，並單獨用一條博文質疑了大部分報道相關內容的體育記者。

從微博內容可以看出，寫下這些文字的時候，這位運動員非常憤怒，已經失去了理智，並使用文字工具對假想敵進行了激烈的攻擊，完全沒有考慮到自己的身份和可能引起的負面影響。究其原因，是自尊受到傷害時的對外防禦（某種程度上已經轉化為進攻）反應。

能夠成為代表國家出賽的運動員，其運動水平至少在一定範圍內是比較不錯的，經過多年艱苦訓練，能夠在很大的基數中脫穎而出，肯定會有着比較高的自我認知。再加上某位官員還曾經表揚過他的水平很高，並以他曾經到歐洲某著名球隊參加過訓練為例證。這些都是客觀上的肯定信息。因此我們可以確定這名運動員具有較強的自尊心。因為一場關鍵比賽的失敗，受到了社會各界大面積負面評價（很有可能有極其難聽的話），這就是對其自尊基礎的攻擊和質疑，從而最終引發了這種不計後果的攻擊反應。

實踐應用

　　之所以會拿出專門的一節討論自尊，是因為人人皆有自尊。如果你對這一點深信不疑，又明白了自尊的來源和基礎，那麼就找到了進行心理測試的絕好切入點。尤其是在測謊應用當中，可以通過了解被測試人的自尊基點來設計基線測試問題，通過基線測試掌握被測試人的基礎情緒表現習慣（包括積極情緒和消極情緒）。符合自尊基礎的刺激會使被測試人產生積極情緒，與自尊基礎相悖的刺激會使被測試人產生負面情緒。

領地的確認

　　野生動物多靠氣味來圈定自己的領地。人會採用兩種方式：一種是制度，一種是身體。制度的方式大多涉及政治體制、管理規章或者其他責、權、利的約定，這些應該歸屬到管理學的研究範疇，而身體上的領地確認反應，則是我們要討論的重點。

　　用身體建立自己的領地範圍，其實非常簡單，因為一共只需要用到三樣東西：手、腳和增高鞋墊。

1、領地的建立：手和臂

　　我們在前面曾經討論過拘謹的表現，證明了內心的拘謹會導致手的收縮，領地的建立動作則與之相反，呈擴充姿勢。常見的姿態有三種。

　　最明顯的，也是明星或者明星的保安們常用的，就是一種動作──推。如圖 8-1。這種純粹的防護動作，意在使用雙手，在當事人周圍建立一道屏障，保證不受侵擾。這種淺顯的動作，不用專門研究微反應的人也能看出其內在含義。

圖 8-1　用手建立領地

圖 8-2　用手臂建立領地

圖 8-3　用手臂建立領地

其他的兩種稍微含蓄一些。

一種是將雙臂輕微張開、向下，一般配合捏緊拳頭，俗話講叫"扎着膀子"。這種動作還有變形的形式，但對肌肉的發達程度要求比較高，那就是手臂的張開並不那麼明顯，但是肩膀會通過背肌的舒展而變寬，做動作的人自己能感受到那種擴張，通常還會加上輕微晃動來增強效果。如圖 8-2。

其實這種反應的含義比較複雜，對於行為人自己來說，既能起到建立領地的心理暗示作用，還能讓自己看起來更加魁梧（所佔的面積增大了），因此也能一定程度上增加自己的威懾力（儘管沒有肌肉的話，這種威懾力的增加可以忽略不計）。

另外一種是將手臂交叉，抱在胸前。如果做動作的一方是身材魁梧、上肢粗壯的人，一般不是出於防護心理，而是威懾心理。由於骨骼結構的原因，交叉抱臂的動作能夠讓雙臂在體側佔據比伸直下垂更大的空間，而且因為肌肉的收縮和重疊，還能夠使上身看起來更加魁梧和厚實（效果比扎着雙臂更好），增加威懾感。如圖 8-3。

如果出現上述兩種反應動作，則說明被測試人有很強的戒備心理，你所面對的局面，就像準備闖入一頭野生動物的領地時一樣。

2、領地的建立：腳和腿

　　腳也可以用來建立自己的領地，而且通過腳的狀態和變化所透露出的線索，會更加貼近人的原始本能，也就更加準確。

　　在電梯裏觀察乘梯人的不同站姿，可以大致上判斷這些人之間的地位差異和心態差異。一般的小職員由於長期被指揮，甚至長期被批評，所以雙腳基本上併攏站立，不敢佔據有限空間中的太多地盤；地位較高的管理人員或者老闆，則會自然地採取舒適姿勢站立，但在擁擠的時候，則有可能叉開雙腳，本能地佔據更多的領地，凸顯自己的統治權，也保證自己不受過多的侵擾（侵擾可以是別人的味道、呼吸，夏天黏濕的觸覺）。當然，也有可能是一副無所為的樣子。如圖8-4。過於隨意地用一隻腳站立，另一隻腳蹺起，這種姿態純粹為了舒服。

　　叉開雙腳在很多場合都會出現，幾乎都反映了強勢的心態（至少是希望表現得強勢），比如軍人或者警察。如圖 8-5。在對峙過程中，強勢而具有攻擊性的一方，經常做出這種動作，而且往往是結合着手臂的動作，讓自己的上身也多佔領些領地，看起來更威風。

　　雙腳的叉開，是一種權力意識的表現，它本身並不具備心理防範的含義，只是從

圖 8-4　電梯中不同站立姿勢表明不同地位和感受

圖 8-5　雙腳叉開建立領地

潛意識上說明這個是我的領地。如果有入侵行為，則會採取另外的反應來應對挑戰。通常，叉開雙腳的用意是表達強勢心態。

增高鞋墊那件事，是個笑話，不過人在具有一定高度優勢的時候，除了會出現我們講過的高度效應之外，也確實能夠具有更多的領空優勢，增加視覺上的信息獲取以及對整個局面的掌控程度。但是，這些不應當用增高鞋墊來完成，更多的反應是第六章中講到的抬頭挺身。

領地裏的掌控感

通過手和腳的動作建立領地範圍，其實是源於心理上出現的防禦意識或進攻意識，是感受到威脅或者需要展現權威的時候所採取的措施。而通過制度確立領地範圍的人，是不需要使用這些擴張性的動作來向他人展示領地範圍的。儘管我們不研究如何通過制度確立權威地位，但我們對一個具有絕對掌控權的人在自己領地中的反應和表現很感興趣。

廣義的領地，可以是一個國家、一個單位，也可以是一間房子，甚至就是幾個人聊天時那一小塊空間。在自身具有絕對掌控權的領地範圍中，按照人的性格類別不同，大致上可以分為兩種反應：炫耀和鬆弛。

1、炫耀

炫耀不是通常所說的那種膚淺表現，恨不得別人不認識自己，生怕別人不知道自己的本事。這裏講的炫耀，是指某種積極風格的自然散發，可能是運籌帷幄的儒雅，也可能是攻無不克的霸氣，能帶給下屬很強的安全感和權威感。也有人用"有氣場"來形容這種狀態。

走路時晃動身體，就是炫耀反應的絕佳案例。這種晃動不是那種標榜自己很厲害的低級的街頭混混的大搖大擺，而是你能夠注意到的一種特殊風格，但動作幅度本身並不大。現任俄羅斯總理普京（Vladimir Putin）是這方面的絕佳模特。

普京所代表的俄羅斯，目前的經濟實力並沒有像它的軍事實力那樣名列前茅，但由於其軍事實力的強大和可怕，俄羅斯仍是世界上具備重大影響力的大國之一。軍事力量和動物的尖牙利爪性質相同，因此俄羅斯總理普京也具備某些野獸的氣質，愛柔道、愛開飛機都是很好的體現。走路時腰部以上到肩部的輕微晃動，也體現了這種充滿原始力量的風格，在世界各國領導人中是頗具特色的。相反，美國總統因為國家的強大經濟實力和選舉制度的浸淫（說話辦事必須繞圈子、搞平衡），則很少出現這種"野獸風格"，更多的是一副貌似普通人的幕後高人的氣質。

2、鬆弛

與炫耀這種原始的威風八面不同，另外一種在自己領地中的反應是自由自在、不拘小節，這源於掌控者完全放鬆的心態。但是每個人的放鬆狀態都不盡相同，我們沒有辦法總結出一個普遍適用的形態來加以描述，因此只列舉幾個常見的例子供大家參考，拋磚引玉。

在中國古代，皇家對儲君有嚴格的訓練體系，其中非常重要的一條就是要求君王在走路的時候要呈現出"龍驤虎步"的姿態和氣勢。其實這種要求同時具備了兩種效果：一是可以使帝王看起來非常自信，高高在上，體現出其掌控一切的心理狀態，使觀者產生敬畏；二是使帝王培養成一種根深蒂固的習慣，不論遇到甚麼事情，在公眾面前，總是保持這種冷靜和有把握的反應，用以平靜臣子之心。試想，如果在某種很好或者不好的情況下，皇帝蹦蹦跳跳，或者急躁地來回踱步，恐怕手下人的心跳就會陡然升高了。

測試案例

在我們早期進行測試的過程中，有一位被測試人是心理學專業的碩士畢業生，他在答應接受測試的時候，對我們的研究持懷疑態度，試圖使用自己的專業知識來"破解"我們的測試。所以，在我們見面的時候，他雖然口中表達着客氣的語言，但下巴自始至終輕微抬起，握手也只是點到為止，坐下的那一瞬間，採取了敞開雙腿的挑釁姿態，上身傲慢地靠在椅子上，呈非常經典的掌控狀態。

測試開始後，首先進行了基線測試，我們針對心理學研究的內容設計了幾道測試題。由於題目所討論到的內容非常專業，所引用前輩學者的觀點豐富而準確，被測試人不由自主地把雙腿收回為正常坐姿，並挺直了上身，開始認真對待測試人員。隨後的測試比較順利。

測試結束，在看過全部測試分析報告之後，他表示了對這項研究的認可，並成為我們研究團隊的一位客座研究員。

實踐應用

炫耀和鬆弛的反應，可以體現出行為人的掌控心態，證明他對當前的情境比較有安全感。這是一個接受心理測試的人應有的正常狀態，可以作為基線反應在後期進行比對參考。

一般人會在自己的私人空間中出現這樣的反應，比如家裏或者辦公室中。如果在公眾場合或者社交場合中出現這樣的反應，存在兩種可能性，一種是沒有社交禮儀的相關教養；另一種是見慣了大場面，非常自信，不拘小節。

擁有掌控心態的人，對於順應和讚揚的評價，會呈現出比較平淡的反應，因為這是他們內心本就有的預期，也就是說認為別人對自己的恭維和順從是應該的。相反，這類人對於負面刺激的挑戰，會比較容易出現劇烈的反應。因為負面刺激無異於對其領地和權威的侵犯，是超出他們心理預期的刺激，容易引發驚訝、憤怒等情緒。

所以，在測試過程中，如果遇到這樣的人，最好的測試方案是使用關於其自信、自尊方面的負面刺激來打亂被測試人本來平靜的心理狀態，然後圍繞關鍵問題多角度提問，以獲得真實的微反應。

3、身體不同的鬆弛反應

(1) 坐姿時腿的角度

在坐姿狀態下，雙腿併攏是比較吃力的狀態，更加自然的狀態是雙腿分開，呈 80 度角左右。如圖 8-6。這個角度是大腿肌肉在坐姿狀態下，沒有倚靠物（比如扶手）阻擋時的自然放鬆角度，沒有刻意地向內約束，也沒有誇張地敞開。向內約束代表着拘謹的心態，意在減少身體被目光審視和挑剔的面積，如圖 8-8。誇張地敞開則是一種自我安慰（心理變態的傢伙可能意在炫耀和挑釁），試圖通過這種肢體的舒張來強化自己的掌控感和安全感。如圖 8-7。

在放鬆的時候，經常可以看到人（尤其是女人）用腳尖勾起鞋子輕微晃動，這是一種典型的自在表現。如圖 8-9。試想一下，如果這個時候老闆要開除她，恐怕她是不會有心情做出這種動作的。

但是，勾腳尖並不都是放鬆的表現。如果被測試人遇到了壓力，需要放鬆自己的話，也會勾起腳尖，但這種勾起是緊繃繃的，隨之而來的有可能是再反向繃直腳尖，隨後放鬆。這應該屬於一種通過肌肉運動來調節身體緊張程度的安慰方式。如圖 8-10。

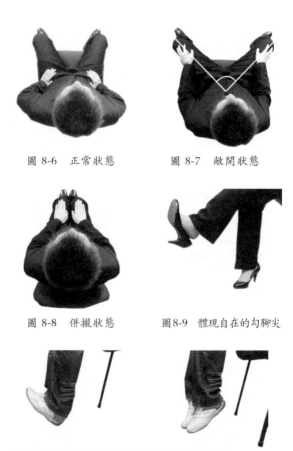

圖 8-6　正常狀態　　　　圖 8-7　敞開狀態

圖 8-8　併攏狀態　　　　圖 8-9　體現自在的勾腳尖

圖 8-10　體現壓力的勾腳尖

（2）關於抖腿

　　雙腿的抖動到底能不能代表一定的心理狀態？關於這個問題，存在兩種極端的看法。有的研究認為這是一種說謊的緊張表現，也有人認為那僅僅是個人習慣而已，不必在意。我們的研究發現，雙腿的抖動意味着能量的消耗，哪怕很少，也是在消耗能量，這不是精神完全放鬆的表現，因為神經系統不會隨意指揮骨骼肌做出運動消耗能量。

　　但是，抖腿就代表說謊的緊張這種觀點太過多疑了，因為引起抖腿的神經緊張還可能是興奮和生理舒適，比如聽到很有共鳴的音樂。興奮的時候，也會通過循環系統運送較多的能量給肌肉，肌肉運動消耗掉多餘的能量，保持身體的平衡，人就會覺得比較舒服。因此，這種狀態雖然不是完全放鬆，卻是在放鬆的基礎上產生了積極興奮（喜悅、高興或者期盼），不能武斷地認為一定是說謊的痕跡。

　　另一方面，認為抖腿是純粹的個人習慣，沒有絲毫價值的觀點也過於粗線條。也許確實存在毫無意義的抖腿行為，但前提是除非這個人睡着了以後也會保留這個抖腿的習慣（基線）。如果睡眠狀態（神經系統最鬆弛狀態，做夢不算）時沒有這種習慣動作，說明此人在清醒的時候抖腿，雖然不一定是有意識在做，但肯定是神經系統有命令傳達出來（不一定經過大腦）。究其原因，可能僅僅是為了舒適，或者為了緩解無聊，比如學生上課的時候，或者開會的時候。不論如何，只要結合具體的情境，還是能分析出來大致的原因的。

　　所以，抖腿這個動作本身不太具備抓謊的價值，關鍵是要注意觀察變化，觀察在受到刺激之後的狀態變化。如果被問到一個可能說謊的壓力問題後，突然不抖了，或者突然開始抖了，那麼這個跡象就具有了分析價值。

（3）軀幹的表現

　　同樣在坐姿狀態下，保持脊柱挺直也是比較費力的動作，即使是從小養成了良好的習慣，在久坐（保持 5 分鐘以上）的狀態下還是會需要刻意為之。完全放鬆的狀態下，脊柱會略微彎曲，而且為了緩解腰部的壓力，通常會將軀幹向後靠在椅背上，略微向後仰起（因為躺著是最放鬆的姿勢）。如圖 8-11。

圖 8-11　坐姿時軀幹的表現（挺直、略彎、後靠）

（4）眼睛

　　眼睛不會睜得很大，上下眼瞼都呈鬆弛的正常狀態，上眼瞼不會明顯上揚（要根據不同人的五官基線來判斷），下眼瞼不緊張，眼球的運動頻率較低，較少四處張望。

（5）呼吸

　　均勻，沒有明顯起伏變化。

（6）聲音

　　行為人的音量適中，符合本人的常態，既不會音調過高（需要多餘的興奮能量使聲帶緊張），也不會有氣無力（除非本來就是病人）。講話的頻率也符合行為人的習慣，有可能很慢，但不太會很快，因為快速的語言對應快速思維和高速發聲系統運動，興奮度要求高，對能量消耗較大。但具體頻率因人而異，需要先行掌握被測試人的基線標準才能作出比較準確的判斷。

實踐應用

上面這些反應描述的是在自己地盤上完全不用操心的狀態，表示正常情況下，既沒有負面情緒，也沒有甚麼值得高興和興奮的事。對不同的被測試人，按照上述框架來記錄他們的行為習慣基線和神經系統鬆弛基線，對於後面觀察變化和分析微反應而言非常重要。

我的地盤聽我的

1、誰是上司

在自己的領地裏面，除了要舒舒服服地享受生活以外，還要切切實實做好統治者的工作，這叫做權利和義務對等。

能做上司的人，得具備領着被領導的人們尋求幸福的能力，要麼就是捕獲更多的獵物，要麼就是辦成更多的事情，要不然其他人為甚麼要讓你來領導大家呢？

抽出所有繁文縟節和複雜的現代規則，簡單地講，想要達到結果，需要有力量（思考力和行動力）。所以，在積極的掌控狀態中，最常見的表現是果斷，具體反應為短促有力，包括語言、動作，甚至眼神。具有掌控感的人會儘量減少各種命令形式的時間，一方面不允許他人質疑，只要求百分之百執行，從而順暢執行環節，提高團隊工作效率；另一方面，減少自己的能量消耗（內部消耗沒必要，還有很多對外的事情需要操心費力）。

語言方面的表現是言簡意賅，慣用祈使句，且少用主語，直接

圖 8-12　手的動作

圖 8-13　小動作強化

從動詞開始，用於表意的語言則能省就省，因為這些省略的東西是要求屬下用默契來領悟的。

動作方面幅度不會很大，通常是些中小幅度的快速動作，且多為單向發力（如劈、砍、拍、指、點，這些都是搏鬥動作的變形，具體在第九章中論述），乾脆利索地完成示意。如圖 8-12。

如果雙方之間的身份和地位懸殊，領導者會使用一些小動作來強化這種差距，比如單獨使用食指來指點，或者使用下巴的輕微動作來表達自己的某些意圖。如圖 8-13。需要說明的是，這種跡象不能完全作為雙方客觀差距的判斷標準，只能確定的是發佈指示的一方自我感覺甚高，可以完全不用考慮對對方的尊重。

實踐應用

綜上，一旦果斷和支配反應伴隨着語言同時出現，就可以判斷出行為人對所描述的內容非常肯定。語言和微反應一致，說明被測試人主觀上沒有說謊，哪怕他所描述的事情是假的，但他自己相信這是真的。遇到這種情況，就必須根據第三方的客觀信息來進行真偽判斷了。

2、位置的講究

在很多時候，身處自己領地中的支配者，可以隨意靠近領地中的任何人，而被靠近的人由於其從屬地位，也不會或者不敢介意，這源於支配者的領地內權威。反之，一旦有人靠近或者侵入了其意識中的領地範圍，則會被視做強烈挑釁，引發不悅甚至反擊。

最極端的例子，又涉及中國古代的皇家管理制度。皇帝所住的地方，規矩極為嚴格。皇帝可以在宮中漫遊，但其他甚麼人能進出，甚麼人應該待在甚麼地方，都有明確的規定。關鍵是如果一不小心違反了這些規定，很有可能遭到嚴厲懲罰。

另一方面，皇帝可以使用"賞紫禁城騎馬"等授權來表達對大臣的獎賞。允許大臣在自己的地盤裏行走、騎馬和坐轎，表達了對大臣的親近和信任。就如同清朝末代皇帝溥儀洋師傅莊士敦在《我在溥儀身邊十三年》中所描述的那樣：

西邊的側門每天都開着，供那些在法定的時節允許入內的人出入，如像王公貴族、皇帝的教書師傅以及內務府大臣等。所有進入紫禁城的人都得步行，除非他獲得"賞紫禁城騎馬"或"賞紫禁城坐轎"的恩典才可以騎馬或坐轎。R·K·道格拉斯博士說道："在這塊神聖的禁地中，得到皇帝'賞紫禁城騎馬'，對於大臣們來說是一種最高的榮譽。"但與騎馬相比，"賞紫禁城坐轎"則是更高的榮譽了。這種"賞紫禁城騎馬"或"賞紫禁城坐轎"的恩典，有時也為皇室的某個重大慶典而臨時賞給大臣們享用，至於那些長期享受這種恩典的人就更為榮耀了。他們在自己住宅大門的上面高懸"賞紫禁城騎馬"或"賞紫禁城坐轎"的木牌。大多數親王、貝勒及少數幾個皇室成員享有"賞紫禁城坐轎"的恩典，而他們的兒子和地位較低一些的皇室成員則是"賞紫禁城騎馬"。皇帝的授讀師傅們的地位很高，經常是"賞紫禁城坐轎"。

引用這段描述，是試圖用最極端的管理制度來說明領地中領導者的權威有多重要。在上司的辦公室裏，他可以隨便走到你的身邊、身後，沒有任何顧忌和憂慮；而作為下屬，則是不能亂動的，更不可能在沒有允許的前提下闖進辦公室，甚至走到辦公桌後，站在上司身邊，這通常是不可理解的瘋狂行為。

所以，有的時候，不能跨越上司心中的那條紅線，因為這樣的細節，會決定你的去留甚至生死。

實用速查

刺激源	反應類型	微反應動作	情緒或精神狀態
掌控感	建立領地	推	防護、厭惡、威脅
		扎着膀子	
		環抱雙臂	
		雙腿跨立	
	領地裏的掌控	炫耀動作	鬆弛
		鬆弛狀態 （注意觀察：坐姿鬆弛和張揚程度、軀幹緊張程度、眼瞼緊張程度、呼吸頻率和幅度、聲音的特徵）	
	領地裏的指揮	動作快而不費力	沒有任何滯澀的指揮
		聲音短促	
		言簡意賅	

第九章

進攻與防守——
戰鬥反應

當憤怒情緒達到頂峰時，則需要用戰鬥來解決。
引發憤怒和戰鬥的原因，無論多麼具體，都可以
歸結為生存和繁衍中遇到的威脅，比如"同行是
冤家"可以溯源到對生存的威脅，"衝冠一怒為紅
顏"可以溯源到對繁衍的威脅。憤怒是所有情緒
中表現最為明顯的一種，因此戰鬥反應極難作假，
且易於識別。

在弱肉強食的規則裏，捕獵者與被捕獵者之間、驅逐者與被驅逐者之間（闖別人領地的情況），沒有面子問題，直接事關生死。獵物能逃掉當然最好，跑不掉只有拚命反抗。如果領地被闖，既是極大的侮辱，又是直接威脅生存的挑釁，背水一戰是不二選擇！一旦戰敗，老婆歸人家，孩子被咬死或者驅逐，自己也不知道還有沒有命吃到下一頓飯，後果非常嚴重。

因為這個嚴重的後果，要麼戰鬥，要麼死亡。於是，活下來的都是強者，代代積累，戰鬥意識深深融入全身的血液和每一條神經。只要有危險出現，就可能喚醒隱藏在體內的戰鬥意識。

人類社會的歷史，也是充斥着各種戰鬥的搏命史，從街角的鬥毆到紳士的決鬥，從打群架到大規模戰爭，動機愈發複雜，戰術愈發先進，唯一不變的是戰鬥時身體的反應：熱血沸騰、髮指眥裂、呼吸加劇、理智消退，引發這些反應的情緒是憤怒，只有憤怒！

文明社會不能打架、不能殺人，老百姓也不歡迎戰爭，所以產生了若干種好玩的演變，不是戰鬥的戰鬥。

中國明朝的言官重要的工作就是罵人，下到監督官員，上到指責皇帝，亂到朝堂上對掐。這些夫子口中的語言高雅深邃、引經據典，禮儀上也恪守規矩，但一旦罵到動情，一樣會在朝堂上像街頭吵架那樣忘記自己的身份和形象。

體育比賽是使用身體進行的一種衍生戰鬥形式，身體強壯而技巧豐富的一方會成為贏家。觀眾即使自己不能親身較量，也會被比賽牽動着興奮的神經，山呼海嘯，群情激憤。所以體育可以發展成一個經久不衰的巨大產業。

漂亮的人可以滿足異性骨子裏優質繁衍的需求和慾望，因此俊男美女們關於外表的比拚也是明爭暗鬥，希望引起更多的喜愛和追求；有錢則是高品質生活的條件，也能一定程度上證明其他方面的優勢力量，因此炫富拚財的事也經常發生。

無論哪種較量，在戰鬥的那一刻，身體的反應都會如出一轍──殺！

憤怒情緒

憤怒是所有情緒中，需要能量最大的一個，對能量的需求超過了大哭和大笑。因此，憤怒情緒一旦被喚醒，全身上下都會協調統一，進入明顯的戰鬥狀態。能量的儲備和運輸，需要呼吸與血液循環的配合。因此，人一旦產生憤怒情緒，必然會增加呼吸的深度，試圖吸入更多的氧氣用於戰鬥。血液循環系統在憤怒情緒的指引下，會安排心臟加速用力收縮，提高血液循環的量和速度，同時血壓升高，當事人自己會感受到脈搏的有力跳動。

這說明兩個方面的結論，一是戰鬥反應很難作假，因為需要大量的能量供全身協調消耗，假裝憤怒反應的難度在所有偽裝中是最難到位的；另一方面，真實的憤怒情緒一旦出現，又會表現得非常明顯，很容易被捕捉到。

1、憤怒的面孔

戰鬥的慾望被憤怒情緒點燃，行為人會出現身體軀前的反應，頭伸向前，下巴降低，雙眼發亮，虹膜（黑眼球）向上翻看對手，配合着憤怒的表情（雙眉緊皺、眉梢上揚、上下眼瞼繃緊、鼻孔張大、咀嚼肌繃緊、嘴唇向下彎曲、可能露齒等等），向對方發出戰鬥的信息。如圖 9-1。

因為能量準備充足，全身肌肉在神經系統的緊張指揮下，從鬆散的放鬆狀態，逐漸轉變為緊張狀態，脖子、手等部位的變化便於觀察到。

圖 9-1　憤怒的面孔

2、脖子變粗

由於頸部肌肉繃緊、呼吸力度加大，再加上頸部兩側粗大的血管裏流動着比平常多出許多的血液，憤怒的時候，脖子會變粗。常言所説的"臉紅脖子粗"，基本上就是這個意思。需要注意的是，臉紅的狀態通常只出現在吵架的時候（沒有動手），因為吵架是靠腦力的，一旦演變成肢體衝突，臉上就不會有那麼明顯的顏色變化了，有的人還會失去血色。

3、身體繃緊

雙拳握緊（因為拳頭是普通人攻擊的主要武器），同時無論是站姿還是坐姿，雙腿肌肉都會呈現緊張狀態。如圖 9-2。打架經驗不豐富的人，還可能會微微發抖（當事人的戰鬥經驗豐富則不易出現），這種發抖不完全是因為害怕，更多是因為能量分配失調而導致。戰鬥開始後，發抖症狀會逐漸消失。

4、眼神犀利

能量充沛的另外一種表現是，行為人會出現較力反應。與其他人的較力，可以是任何一種身體接觸的較力（基本上我們認為這是戰鬥已經開始的行為），還可以是非接觸式的，最典型的反應就是通過眼睛的直接對視來較力。

圖 9-2　雙拳緊握

這種反應的心理狀態是希望通過眼神的集中對視，在不方便動手的時候來代替身體較量。很多人會誤以為這時候的對視是在觀察對方，試圖尋找破綻。其實不然，冷靜觀察的行為不會出現在憤怒情緒之後，而且眼神的集中程度也不同，冷靜觀察會出現虹膜的輕微移動。而憤怒的對視，具有一個典型的特徵，就是通常所說的"死死地盯着"。如圖9-3。

圖 9-3　犀利的眼神對視

5、語言少且單一

由於大部分血液被輸送到搏鬥用的四肢中去了，留給大腦灰質（負責高級功能）的能量減少，因此處於憤怒狀態的人比較容易失去理智，心中暫時只有一件事——打敗對方，而對周圍環境以及局勢的判斷水準會降低。同樣的原因，還會造成除了思考之外的另一項高級能力減弱，這就是語言。

憤怒的人往往不會說話或者很少說話，通常嘴會很用力地閉起來。如果戰鬥開始，所說的話也會盡可能單一且無意義，或者爆些粗口（這就是打架時常聽見罵人的原因），因為這些話是不需要思考的。

如果是用語言來戰鬥的情境，比如辯論賽，那麼語言本身具有快速、有力的普遍特徵。

6、呼吸急促

由於血壓升高，吸氣量增大，體內的壓力會陡然增加。在需要克制的情境中，不能過於明顯地放任這些能量的釋放（如揮動拳頭或做出表情），很多時候被測試人會通過調整呼吸來舒緩由憤怒而引發的體壓升高，最常見的表現是通過鼻孔向外噴氣。無論是野牛還是被追問敏感問題的娛樂明星，都無一例外地會表現出同樣的反應。而且，我們研究所積累的測試實例表明，克制憤怒的時候，表情還可以是勉強的微笑，但鼻孔中的強烈氣息卻很少有人能控制得完美無瑕。

這個動作還有一種變形，就是特意用鼻孔快速向外噴氣，發出短促的“哼”的聲音，也可以是簡單的氣息聲音，同時鼻翼擴張、上嘴唇向上提起，形成一個帶有輕蔑的憤怒表情。如果氣息過重，則可以推測出，憤怒情緒佔的分量比較大。

7、憤怒的根源是威脅

憤怒情緒和性興奮是同樣級別的情緒反應，一旦真實發生，則很難被掩飾。在測謊過程中，有效的刺激引發了被測試人的憤怒反應，可能會出現上述的種種反應，但因規則或環境的具體情境差異，程度會略有不同。

這些反應包括：鼻孔強烈呼氣，身體肌肉緊張程度增加，整個人有軀前傾向，面部表情僵硬，肌肉的形態符合憤怒表情的構成，但可能幅度比較小（不會表現得像打架時那樣），眼睛死死地盯着刺激源，語言減少、句子變短、語氣加重等，同時配合以一些破壞性的動作，如拍桌子。如圖 9-4。

那麼引發憤怒情緒的最主要原因是甚麼呢？

答案是威脅。

一提到憤怒，很多人就直接聯想到了吵架，進而認為對某件事情的看法和別人不同，會引發憤怒的爭吵。比如，對方不講道理，處理事情不公平，或者對方試圖否定事實、掩蓋真相等等。

圖 9-4　憤怒時的破壞性動作

但其實這些都是表面現象。不講道理威脅到了講道理的人的利益（不一定是物質利益）；處理事情不公平，如果你強勢的話，會引起你的輕蔑，如果你弱勢的話，就會讓你受損失，再次威脅到了你的利益；否定事實、掩蓋真相、胡攪蠻纏等等，無論是哪種引起你憤怒的原因，都不是對方的做法本身，而是按照這樣的做法，最終會威脅到你的利益。

因此，一旦被測試人出現憤怒情緒，則說明他感受到了刺激源帶來的威脅（挑戰）。在測試這種具體情境下，這個刺激源具有非常重要的意義，很有可能就是大家共同關心、被測試人拚命掩蓋的真相線索。

戰鬥預備

憤怒情緒是戰鬥的導火索，但並不是所有的敵對情況都需要戰鬥來解決，絕大多數的對峙都不會最終發展到真實的戰鬥狀態。有的時候，雙方只要把隊伍擺開，展示一下彼此的實力，也許就能解決問題了，比如雄性孔雀之間的比拚，可以算是最極致的例子。因此，我們在這一節把火氣降一降，來看看減輕之後的戰鬥反應的變形形態。

無論如何，在真正動手之前，耀武揚威地炫耀一番是強者和弱者都會做的事情，只不過心態不同。強者的心態是“怕了吧”，弱者的心態是“千萬別碰我”。

準備戰鬥的雙方都會盡可能讓自己比對方高，挺胸抬頭是必需的。脊柱挺直、下巴抬高，是在這種潛意識驅動下的最常見反應。

街頭發生口角時，雙方就會經常出現這樣的對峙狀態，而且為了顯得魁梧，大家還會不約而同地把雙臂向兩側展開。而在真正開戰之前，彼此也多是針對胸膛進行推搡，一定要從氣焰上先壓住對方。

有一種姿態很有意思，那就是挺胸抬頭的同時，把雙臂叉在腰間。這個經常出現在吵架鏡頭裏的姿勢，其實是一種矛盾結合體。一方面，要把自己的形象建立得無比高大；另一方面，又把雙手牢牢地限制在身體上，潛意識裏不用於進攻，只用於造型。現實中也驗證了這一點，這種姿態的出現，基本上將雙方的矛盾衝突控制在了對峙或惡語相向階段，真打算發動攻擊的一方是不會採用這種姿態的。如圖9-5。

圖 9-5　叉腰的動作

1、挑釁

挑釁是正式戰鬥開始之前的常見行為。通常，挑釁的一方是希望戰鬥能夠發生（自認強勢方），因此會使用激怒對方的方式來把信息傳達給對方，而最能激怒對方的挑釁方式，就是輕蔑。

使用下巴做指向動作，是常用的表達輕蔑的方式（見第六章）。當然，除了這種近乎本能的通用表達方式之外，還有很多方式可以表達輕蔑，比如通過手勢、眼神或者表情。

挑釁行為的共同特徵，是行為人使自己比對方高（或者使對方比自己低），同時表現出輕鬆不費力，意在說明"我們之間存在着巨大差距，我不屑於和你相提並論"。因此，通常可見的挑釁手勢是用大拇指向上，指向偏自己的方向，或用其他手指指向下方；常見的挑釁眼神則是看着對方，在確認對方看到自己的眼睛注視點之後，視線轉向上方並從對方身體上移開，通常會伴有輕微但快速的呼氣，可以是鼻子噴氣，也可以是嘴通過氣息發出類似"喊"的聲音。表情方面的挑釁和輕蔑，會在《表情的真相》一書中詳細討論。

2、迎接挑戰

迎接挑戰是挑釁者的對立方通常會作出的反應。比較常見的反應動作是調整姿態，如前後擺放雙腳，讓自己站得更穩；側過身體，讓自己的被攻擊範圍縮小；握緊拳頭，準備好攻擊武器，等等。

測試案例

　　有一次受某單位委託，對單位部分員工進行心理測試，實施獎懲測試壓力。也就是說，除了基線測試部分之外，問題越靠後越難，獎勵也就越大；放棄測試，只能取得固定的獎勵，不論已經答過多少題目；如果說謊作答，就會取消一切獎勵。

　　設計好的測試方案中，問題的犀利程度逐漸加大，真實回答問題的取捨難度也越來越大。在被測試人回答完一道題目之後，我們觀察組的一位研究人員說：“她差不多了吧，是不是快放棄了？壓力很大啊。”

　　我說：“不會的，她還會繼續。”

　　因為，我看到了她的右拳呈虛握狀態，並且頻頻用力握緊。除此之外，表情和身體的其他部分，沒有明顯的反應。但是，因為握拳是經典的戰鬥預備反應，所以說明她的身體裏面還有能量，而且能量正在被調動，潛意識裏準備進行攻擊。這就意味着，她應該會繼續答題，迎接挑戰，而不會中途放棄。

　　果然，下一道題目前，測試人員說明並詢問：“後面問題的難度會更大，你如果現在放棄不答，可以取得應有的獎勵，如果繼續，就必須真實作答，否則最終甚麼獎勵都沒有。”

　　被測試人給出的回答是：“我選擇繼續。”

犀利進攻

如果矛盾不斷積累，會導致憤怒情緒不斷積累，當情緒調配的能量超過上限值時，最終會引發真正的戰鬥，也就是動手了。

人在戰鬥時的進攻動作，包括用手戳、拍打、砸等直線動作，速度快、力量大，也包括用腳踢、蹬，甚至在打急了眼的時候，還會用牙咬（回到原始狀態）。

所以，在測謊過程中，如果被測試人説話的時候配合着上述攻擊動作的變形動作，則可以確定其説話時的心理狀態——憤怒，動作的力度和幅度與內心的憤怒程度成正比。

最常用來表達憤怒的是臉上的器官，具體的表情反應留在《表情的真相》一書中來詳細分析。本章只討論一下牙齒，這個人類早已不用作攻擊武器的器官。"咬牙切齒"的成語能充分讓中國人體會到憤怒的力量，而且這種憤怒的來源是恨。

1、牙齒反應

在測試過程中，如果刺激源讓被測試人產生憤怒情緒，而被測試人又準備緘口不言的話，最常出現的反應就是咬牙。比較容易觀察到的咬牙動作是上下牙齒咬合位置的改變，比如用犬齒相互摩擦，或者用上下門牙咬合（這就是"切齒"）；還有可能上下牙齒咬合位置不變，但是暗自用力，這樣會導致臉部兩側的咀嚼肌收縮繃緊，輪廓清晰。如圖9-6。

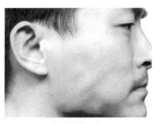

圖 9-6　咬牙切齒

圖 9-7　強勢自我認同的
　　　手指指向

圖 9-8　蔑視的手指指向，有
　　　雙倍的蔑視效果

圖 9-9　不尊重的手指指向

圖 9-10　體現尊重的手掌
　　　姿勢

咬牙動作在測試過程中的不經意出現，是被測試人感受到危險和壓力的經典表現，被測試人潛意識中希望通過牙齒的進攻，消滅負面刺激源。

2、手指姿態

最常用來表達情緒的手指是拇指和食指。

拇指天然用於表示讚美或認同。講話時用拇指指向自己，不論所指的部位是鼻子還是胸口，都是一種非常強勢的自我認同，所表達的潛台詞是"我很牛"。如果是對別人豎起大拇指，則是對對方的肯定或鼓勵。如圖 9-7。

至於有些影視劇裏出現的大拇指向下表示蔑視，其實是為了創造一種詼諧意外的戲劇效果，先豎起來讓你以為是肯定，然後向下表示否定，能夠把兩次評價之間的差距加倍，比單次否定要強烈得多，所謂"捧殺"是也。如圖 9-8。

食指多用於指點。本來，單用食指指向，在亞洲的文化禮儀規則中，就是很不尊重的表現。如圖 9-9。比如說，通常狀況下，下級是不會使用食指指點上級的，因為這種輕蔑的表意雙方都知道。用整個手掌來指向或引導，是尊重的表現。如圖 9-10。

因此，在心理測試過程中，如果被測試人說話的同時，配以食指指點的動作，且速度快、力度大，動作短促，則可以判斷其內心對當前的刺激源持憤怒情緒，分析一下所講的話和情緒之間有沒有矛盾，可以得到真實信息。

3、手指敲擊

用食指或指關節用力敲打桌面的動作，也是攻擊動作的變形之一。如圖 9-11。這個動作一般會配合着強有力的語言出現。如果是單一方面發言，這個動作的出現表示說話的人非常有自信，心態強勢，認為自己所說的是必然的事情，動作用於強調語言。在爭論過程中，某一方強調自己的觀點時，如果出現這種動作，則表示他已經開始對對方的不順從、不理解表示不滿了（輕微憤怒）。

圖 9-11　表示輕微憤怒的手指敲擊

4、手的動作

除了手指之外，拳頭和手掌也是攻擊時常用的武器，攻擊動作有斬（水平方向揮舞）、剁（垂直方向揮舞）、拍、砸等等。這些動作出現在講話的時候，可以起到增強語言表意的作用。比較常見的一種積極場景是表達決心，握拳、揮手等動作可以讓人相信自己的誠懇；爭吵中使用類似的手勢，可以增強自己要表達的憤怒；下命令的時候使用這種動作，能夠增強命令的號召力和感染力，同時表達決策者的堅定決心。

5、腳的動作

腿腳部的攻擊動作有蹬、踹、踢。在進行心理測試這一類雙方交流的情況下，少有用腳踢牆或者其他甚麼東西的情況，一般的憤怒表現是跺腳。

6、如何辨別憤怒情緒的真偽

有不少使用攻擊動作來偽裝憤怒的情況，比如心裏明明擔心（或恐懼、悲傷），但為了讓別人相信自己所説的話，或者為了儘快結束這段令人不舒服的對話，都會故意做出貌似憤怒的攻擊動作，這就不是情緒使然。

關鍵的問題來了，那就是如何判斷這些輔助動作的真偽？

發自內心的情緒使然，身體的動作是不需要用腦子想的，與語言的力度和節奏匹配同步，語言和動作來自同一個動力——憤怒情緒。假的動作是設計出來的，是思維性意識主導的，由於沒有情緒的直接驅動，無論從力度還是從時機而言，都不能完全與語言同步，一般是滯後。

比如夫妻之間，出軌的丈夫比較心虛，在被妻子質疑後試圖通過表達憤怒來迫使妻子停止追問。因為情緒中沒有憤怒，所以否定或者責難的時候很難出現堅決的手臂動作予以配合。就算是有，動作也很有可能滯後於語言。兩者都受思維性意識主導的時候，當然是先把話説清楚，試圖獲取對方的反應，然後想表現一下自己被質疑的憤怒，拍個桌子或者揮動下手臂等，動作與語言表意脱節。這種矛盾充分説明了情緒作假的真實心態，可以作為掩蓋事實的證據。

7、案例分析：克林頓的謊言

克林頓（Bill Clinton，美國前總統）的這個説謊分析案例（否認與萊溫斯基有染）曾經在很多關於測謊的書籍中出現過，一些心理學家分析，當其否認與萊溫斯基之間有不正當性行為時，眼睛和訴說的方向與食指指點的方向不同，就證明他在說謊。

這種分析一時成為非常主流的說法，目前依然如此，得到無數人的信奉。隨之而來的就是濫用，公眾就像發現了寶藏一樣，原來這種方向上的細微差異能證明說謊！但是迄今為止，沒有人證明，這個結論的再深一層依據是甚麼。

那麼這個說法有道理嗎？

分析開始：

當時他的台詞是："I did not have sexual relations with that woman, Miss Lewinsky. I never told anybody to lie, not a single time. Never. These allegations are false." 中文的意思是："我沒有和那個女人，萊溫斯基小姐發生過性關係。我從沒有讓別人去撒謊，一次都沒有。從來沒有。這些指控是假的。" 語氣平和，語速和頓句正常。

他的動作是，用右手食指，快速、多次向前下方發力指點，但眼睛看着自己的左前方，彷彿在跟某一個具體對象說話。

手指的動作表達了憤怒的內心。

一邊是以平和的語言堅決否定着被指控的內容，訴說對象是眼睛關注的那邊（不一定具體針對某個人），一邊卻不由自主地用手指向講話應當面對的方向，表達了輕蔑和憤怒。這兩種表達方式中，手指的動作是不由自主的，可信度高於經過思維整理出的語言，面孔和眼睛的轉向是有意為之（迴避）的。所以憤怒的情緒才是他的真實心理。

試想一下，如果因為指控屬於污衊而引發真的憤怒，自覺有理，底氣充足，但鑒於總統的地位和應有的修養，語言和動作會整體趨於克制，因此會正面予以否定，不會出現這麼明顯的不敬和攻擊意識（手指的動作）。即使是被憤怒衝昏了頭腦，丟掉了總統應有的禮儀做派，也應該是被罵得急了眼的樣子，全身上下一致對外，手眼協調。

恰恰這位老兄在試圖克制的表述過程中流露出了憤怒的情緒，而憤怒反應的可信度要遠遠高於語言，所以推導出了一個震驚世人的結果——憤怒的情緒是真實的（惱羞成怒），頭和眼睛的轉向就變成了迴避，迴避代表心虛，結論已經很明顯了。

這就是通過攻擊性動作判斷出憤怒情緒，用於分析是否說謊的經典案例。

如果說僅僅因為手指的方向和訴說的方向不同，就能認定說謊，那是對克林頓先生的不負責任。因為通過互聯網搜索，你還可以找到大量克林頓本人以及其他著名人士在演說時，面孔、眼睛和手指的方向不同的案例，無法僅通過這一條標準來判定都是在說謊。要靠情緒和語言之間的矛盾來判斷。

謹慎防禦

進攻跡象是積極的戰鬥狀態，一般行為人對自己比較自信，或者是出於不顧一切豁出去了的搏命心態。

在遇到負面刺激的時候，被測試人還可能出現防禦反應。防禦反應不是為了消滅敵人，而是為了減少自己受到的傷害。與安慰反應不同的是，防禦反應不會讓自己變得舒適，只是為了阻止負面刺激的持續傷害。

防禦反應大致上可以分為兩類：建立屏障和阻斷反應。

1、建立屏障

建立屏障反應是指被測試人在頭或者軀幹周圍，試圖使用四肢或者物體建立障礙，以便阻礙負面刺激源的進攻。雙手交叉抱臂是比較經典的防禦反應，如圖 9-12 所示。

(1) 抱臂屏障

人的胸腹面只有胸椎、較細的肋骨末端和肋軟骨保護兩側，整個腹部則沒有骨骼；而背部則以脊柱和較粗的肋骨起始端為框架進行了比較周全的保護。因此，胸腹面是非常受神經系統照顧的位置，敏感且相對薄弱。在長期進化過程中，人類逐漸學會了使用各種動作和技巧來保護自己的脆弱區域。

人類的身體前側（包括頸前側和胸腹面）集中了身體大部分比較敏感脆弱的器官，比如咽喉、雙乳、太陽神經叢（位於胸椎骨下方）、生殖器等，因此神經系統對它們的保護也格外嚴格。遇到負面的刺激源（危險、不適、緊張、挑釁）時，出於對軀幹的保護意識，人會在軀幹與刺激源之間建立一道屏障，至少是概念上的屏障，用以保護自己。這種屏障可以是簡單的交叉抱起雙臂，也可以藉助物體，如書本、坐墊、枕頭等。

圖 9-12　雙手交叉的經典防禦姿態

圖 9-13　雙手交叉的積極
　　　　防禦姿態

抱臂的動作是明顯的防禦行為，但隨着身體其他部分的狀態不同，還可以進一步分析出不同的心理狀態。

（2）最強防禦狀態——一觸即發

積極的防禦狀態是做好戰鬥準備的防禦反應，通常配合抱臂動作出現的身體形態是：軀幹挺直、抬頭挺胸、雙腿跨立。這樣的綜合動作，一般出自憤怒主導的情緒，意味着比較強勢，有可能出現反擊。如圖9-13。

這種組合動作可以解釋為以下幾個心理狀態：

A. 交叉抱臂，增加軀幹防護。相對於身體強壯的人而言，身體相對單薄的人，更有可能是為了實現這個目的。

B. 如果還出現叉開雙腳站立的動作，一方面是領地意識使然，另一方面能夠使身體看起來很穩，以表現不退縮的鬥爭心態以及強有力的領地保護和反擊準備（詳見第八章）。

C. 使自己看起來更加魁梧、厚實，增加壓迫感和威懾力（詳見第八章）。

（3）消極防禦抱臂

消極的防禦狀態則相反，脊柱彎曲，頭也會降低，雙腿不會挺立。如果是坐姿，上身可能會靠在椅背上並側面面向刺激源，看起來和怕冷的反應差不多。如圖 9-14。

　　這樣的抱臂純粹出於恐懼、憂慮等消極情緒。至於究竟是因為怕冷，還是潛意識裏害怕受到攻擊，在沒有體溫探測設備的狀態下，是不能確定的。但體溫的降低和防禦反應之間並不矛盾。由於戰鬥或逃跑的準備工作（情緒與能量分配）會調節全身的血液循環，讓大量的血液流到四肢以儲備能量，所以確實會造成軀幹部分的體溫下降，使被測試人感到冷。所以消極抱臂動作，確實可以映射出被測試人的消極負面情緒。

圖 9-14　雙手交叉的消極防禦姿態

　　比較有意思的是，抱臂動作還可以在沒有任何心理壓力的時候使用，目的僅僅是通過這個自我保護的動作來示弱。使用者多是學校裏面的女學生，常見她們把書本、文件夾或者書包之類的小東西抱在胸前，身影遍佈青青校園。這樣的動作本質上是為了讓自己看起來處於弱勢地位，從而獲得更多被關愛的機會。為甚麼很少有男生會使用這樣的動作呢？因為男人天性好鬥，不會平白無故地把自己表現得很弱小，這樣不但不會被關愛，還可能被欺負，甚至讓人覺得是"偽娘"。

（4）最弱防禦狀態——聳肩

有一個組合動作大家經常見到，尤其是西方人經常通過這樣的肢體語言來配合表達，那就是把雙肩聳起，攤開雙手掌心向上，一般配合的台詞是"沒事，沒甚麼"、"關我啥事"、"我不知道"、"沒辦法了"。這個聳肩的動作也是經典的防禦反應。如圖 9-15。

圖 9-15　聳肩的防禦姿態

經過長期的演變，在沒有物理威脅，僅僅是神經系統受到負面刺激，認為需要自我保護的狀態下，也可能出現相同的反應。這個反應所映射的心理狀態，是自認為需要保護，是一種示弱心態。所以聳肩攤掌的肢體語言可以解釋為："我很弱，我害怕，我無能為力，而且你看，我手裏甚麼都沒有拿，沒有進攻的意思。"再配合前面列舉過的台詞，表意非常貼切。

基於這樣的一個標準動作，國外的學者還研究出一個結論：當人說話的時候，如果出現單肩快速聳動，表示行為人很不自信，進而推導出是行為人對所說的話不自信，可能在說謊。這個結論的推導思路是合理的，因為不完整的聳肩動作是完整聳肩動作的減弱變化，同根同源，屬於微反應。不過，這樣的實例在我們的真實測試中，真正與謊言相關聯的實際狀況非常少，還需要進一步驗證。

　　一個人站在足球場邊觀看比賽，突然足球近距離朝他飛來，他第一時間的本能反應就是以下幾個動作：聳肩（同時向下縮頭），扭身（防止軀幹胸腹面被攻擊），抬起雙手和一條腿，並蜷縮在頭和軀幹前面建立屏障。如圖 9-16。由於雙肩的構成主要是骨骼和肌肉，聳起後能夠保護脆弱的頸部（頸部兩側是大血管）。所以，這個防禦動作能夠起到保護要害的效果。

圖 9-16　躲球動作連拍

(5) 蹺二郎腿

　　另一種常見的屏障是"蹺二郎腿"，常見於坐姿狀態。如圖 9-17。

　　在第五章"逃離反應"中，我們曾經講到過舒適的二郎腿坐姿。如果被測試人在坐姿狀態下，軀幹放鬆地後仰，就不屬於我們現在要討論的建立屏障反應。需要注意的是，即使是軀幹靠在椅背上，也不能確定地代表被測試人處於放鬆狀態。放鬆通常有兩個明顯的特徵：一個是頭也靠在椅背或沙發背上，而且也是向後仰起的，與軀幹

圖 9-17　作為屏障的二郎腿姿態

圖 9-18　作為屏障的二郎腿姿態

保持相同方向；另一個是蹺在上面的那條腿的小腿可以舒適地晃動，節奏不快，很自然。

　　相反，可以判斷為建立屏障的蹺二郎腿動作（如圖 9-18），可能具備以下幾個特徵：

A. 軀幹豎直、緊張，甚至會用手兜住膝關節，強迫自己處於一種很不放鬆的坐姿狀態。這樣的動作反映了行為人內心的懼怕和擔憂。

B. 如果頭保持着警惕的直立狀態，並且眼睛的關注程度沒有減弱，那麼這時軀幹的後仰屬於逃離反應，可以推測出不滿、不悅的心理狀態。

C. 疊在上面的腿的運動產生變化。需要特別說明的是，小腿的靜止不動，不能作為判斷緊張心態的必要條件，有可能只是低調內斂的人的基礎習慣。但是，在受到刺激的時候，如果行為人從放鬆的晃動變成靜止，則可以確定是心理狀態的變化使然。

　　在上述特徵出現的情況下，蹺起的二郎腿就是有意拉開自己與刺激源之間的距離，試圖建立一道屏障來保護自己，免受負面刺激源的傷害。

2、阻斷反應

　　阻斷反應也是防禦心態的外在表現之一，其實質和建立屏障是一樣的。廣義地說，建立屏障是阻斷反應的一種。不同之處在於，阻斷反應所建立的保護區域比較小，通常沒有那麼明顯。為了便於分類，我們把一些小動作稱為阻斷反應。

　　常見的阻斷反應集中在面部，主要是眼睛、耳朵和嘴。

(1) 眼睛

　　第七章中講到過，人在羞愧的時候，會希望減少被關注的程度。因此，如果被測試人受到負面刺激，會出現用手遮住額頭和眼睛的反應，看起來彷彿是在摩擦額頭或者顴骨的皮膚來緩解疲勞，實際上是在試圖擋住來自外界的關注，減少自己被深入挖掘的可能性。這種反應屬於視覺阻斷，在阻止別人關注自己的同時（實際上已經暴露），還能讓自己不看對方（不想看或者不敢看）。如圖 9-19。

圖 9-19　眼睛的阻斷反應

測試案例

這個經典的羞愧反應在美劇《別對我說謊》(*Lie To Me*)中數次提及,而且劇中還展現了若干國外名人的相同反應。

經過我們的實際測試,也驗證了相同的結論,因為這個反應動作是被測試人感受到羞愧時的最常見反應,尤其是與男女之間的愛慕相關之事。

我們的測試實例中,有很多測試題目都要求被測試人講清楚喜歡的異性類型,有的是我們設計的基線測試題目,為了確認被測試人的性格,也有的是委託方要求我們搞清楚的主幹題目。

大半的被測試人,在被問及喜愛的異性類型時,第一反應是思考,第一答案往往是溫柔、孝順、善良之類的性格或者與道德水準相關的內容,但當我們繼續追問,或者要求必須指出與外表相關的特徵後,又都會毫不猶豫(請注意,這次幾乎沒有思考過程)列舉出身高、頭髮、五官、身材(有的會特別突出具體描述)、皮膚方面的喜好,甚至還有直接使用公眾人物作為範例的。為了刺激被測試人,我們會對這種應答順序作出評價,指出被測試人是故意把"軟"條件放在前面,以顯示其高尚,把"硬"條件滯後甚至不說,以掩蓋自己的"色"心。

最重要的是,很多被測試人在被指出真實心態後,都會無意識地統一作出這樣的羞愧反應。沒幹任何虧心事,只因為承認喜愛異性外表而羞愧,這大概是中國人從小接受的教育導致的羞愧,算是中國特色的實驗數據吧。

（2）耳朵

比較小的孩子或者一些"裝可愛"（非貶義）的青少年，在聽到自己不想聽的話時（當然也有可能是實際想聽，但要故作姿態），會用手堵住耳朵，同時做出厭惡的表情，配合焦急的跺腳行為（逃離反應）。這種反應屬於聽覺阻斷，在成年人中較為少見，但如被測試人情緒失控，也有可能出現。如圖 9-20。

圖 9-20　耳朵的阻斷反應

（3）嘴

嘴部的阻斷反應大多是針對自己的行為阻斷。比較常見的是摀着嘴偷樂。如圖 9-21。其實這麼明顯的表現是典型的欲蓋彌彰，誰都能看出來他在笑。但我們更關心這種反應的心理動因，因為很有趣。

這種笑容阻斷的心理變化是這樣的：

A. 的確感到好笑。

圖 9-21　嘴部的阻斷反應（偷笑）

B. 意識到自己不能笑得這麼明顯，要麼是怕被笑的人尷尬，要麼是怕別人批評自己太得意，再有可能是出於長期的教養和規矩，不能讓自己太放肆。

C. 然後用手遮住嘴，試圖表現自己的矜持和內斂。

當然，摀着嘴哭也是阻斷反應的一種，

圖 9-22　嘴部的阻斷反應（掊嘴）

圖 9-23　嘴部的阻斷反應（擋嘴）

圖 9-24　掊臉的阻斷反應

心理動因也相對簡單：不要讓悲傷的情緒恣意擴散，克制自己，也減少對周圍悲傷氛圍的促進。如圖 9-22。

還有一種針對嘴的阻斷行為，對測謊更加有價值，那就是在說話的時候，用手擋住嘴，表示阻止。如果動作發生在未講話之前，則是不願意說出來；如果發生在講話的過程中，突然停住，用手掊住嘴，則表示說錯話了，或者"不應該說出來"的悔意；如果發生在說完話之後，看起來好像是擦擦嘴，或者配合咳嗽的動作，則實際上是對自己的話表示否定，也就是說，他很有可能說謊了，或者一不小心說出了真相。如圖 9-23。

（4）掊臉

阻斷行為還可以把整張臉藏起來，一般用於表示不敢相信，常配合的台詞是："天啊！""怎麼會這樣啊？！"或者"不會吧？""不可能！"除了表達強烈的意外或者無可奈何外，還有一份懊悔和自責包含在這個反應中（認為不好的事情與自己相關）。如圖 9-24。

專業人士的例外

本章中所講的攻擊反應和防禦反應，是針對普通民眾而言，專業人士除外。有一些人接受過系統的搏擊訓練，掌握搏鬥的技巧，對自己的肢體控制程度極高，真實打鬥經驗豐富，心理穩定，不易出現恐懼和戰鬥前的無措的興奮，即使是出現了憤怒的情緒，也會隨之進入專業級別的戰鬥準備狀態。

我們曾經在第八章中討論過，人在領地受到侵犯的時候，會挺直身體進行防禦性威懾。這樣的反應，是戰鬥之前的反應，意在使對手知難而退。但是接受過專業訓練的人，在準備動手之前（過了威懾階段之後），軀幹的防護狀態則不是完全挺拔的，而是微微彎曲的，試圖保護住胸部和腹部。

在專業散打的教科書中，對預備站姿的描述如下：

（1）雙腳站姿：兩腳前後分開，前腳跟與後腳尖之間為一腳半距離，前腳與後腳間橫向距離稍寬於肩，前腳尖略向內側轉，後腳尖斜朝前，腳跟稍離地面。（目的在於站得穩，移動得快。）

（2）雙臂的角度和位置：兩臂自然彎曲，左右臂之間夾角約為90度。左拳置於體前，略低於眼睛，拳面斜朝前，拳眼斜朝上，右拳置於右肋前，略高於下頜部，肘部與身體相距約一拳距離。（進可攻，退可守。）

（3）軀幹姿態：以左肩左腹部側向着對方，胸部略含，腹部微收，上體稍前傾，頭略低，下頜微收，咬緊牙齒，閉合嘴唇，目視前方。（保護住脆弱的胸腹面，防止遭受直接進攻，保持高度關注。）

其中，第 3 條描述的幾點表現，都是微反應研究中值得關注的戰鬥反應。當然，沒有受過專業訓練的人在戰鬥的時候，不一定會這麼講究，容易犯想打哪裏就打哪裏，只有進攻意識，沒有防守意識等錯誤。

　　除此之外，他們的搏擊動作也會有大量的專業特徵，包括能量的調配和肢體的協調等。所以，不能全部使用書中所描述的標準來觀察並測試他們。

實用速查

刺激源	戰鬥反應類型	微反應動作	情緒或精神狀態
威脅	能量儲備和身體變化	表情憤怒	憤怒
		脖子變粗、身體繃緊、眼神犀利	
		呼吸劇烈、語言短促有力	
	進攻準備和進攻	挑釁姿態	憤怒
		咬牙切齒、手指指點和敲擊	
		揮拳、跺腳	
	建立屏障	積極抱臂防禦	憤怒
		消極抱臂防禦	恐懼
		聳肩	無奈
		二郎腿屏障	厭惡
	阻斷	視覺阻斷	不安、尷尬、愧疚、悲傷、恐懼
		聽覺阻斷	恐懼、不安
		嘴部阻斷	悲傷、喜悅、尷尬
		臉部阻斷	絕望、愧疚、尷尬

第十章

勝敗並非常事——勝敗反應

戰鬥結束之後，勝利者會產生喜悅、炫耀和放鬆等積極情緒，神經系統處於興奮狀態，因此身體表現出抵抗重力的向上反應；而失敗者神經系統進入壓抑狀態，全身能量喪失，因此看上去垂頭喪氣，身體重心向下並收縮。戰敗的放棄是一種心理崩潰，可以推導出悲傷、長期壓抑等負面情緒。

古語説，"勝敗乃兵家常事"，潛台詞是贏了別驕傲，輸了別氣餒。這句話是用來勸勉人的。但戰鬥總會有輸贏，不同的結果會造成輸贏雙方的反應各不相同，透過這些反應可以分析出重要的心理狀態。因此，對每個學習微反應的人而言，勝敗絕非常事。

打贏的一方，常常高舉雙臂，大聲歡呼甚至長嘯，高傲地挺起胸膛，環顧四周，炫耀自己的成果——來之不易的勝利。隨後，分錢分肉，大吃一頓，舒舒服服洗個澡放鬆一下，享受生活。總結一下，大致有三種表現：喜悦、炫耀和放鬆。

失敗的一方（這裏指內心接受失敗的結果，有志氣或者不服氣的不算），如果還沒戰死的話，通常呈現"灰溜溜"的狀態。挺不起胸，抬不起頭，連臉上的五官都無精打采，眼神黯淡，儘量讓自己消失在眾人面前。如果事關安危生死，還會出現恐懼和悲傷的種種反應。

重力原理

重力是所有生物能夠在地球上生存的最基本條件，同時也是各種生物需要想方設法對抗的第一阻力。對重力的對抗不僅僅反映在站立、跳躍、投擲等大動作上，也會存在於驚訝、笑容、憤怒等微小的肌肉運動中。對抗重力的兩個必要條件是神經意識（不單單是思維性意識）和能量，缺一不可。

在微反應研究體系中，由於主要研究對象是不依靠思維性意識（也就是"想"）而作出的本能反應或習慣反應，因此這兩個條件可以合二為一。神經興奮程度越高，所調配的能量就越大，對於重力的反抗也就越明顯；神經興奮程度越低，所調配的能量就越少，對重力的反抗能力就會不足；如果神經系統進入抑制狀態，就會造成能量的停止補充和快速流失，無法繼續抵抗重力的吸引，身體相關部位也就呈現無力下墜的狀態。我們將這個規律命名為"重力原理"。

重力原理的第一個內容是：想要抵抗重力，需要神經系統有意識（不一定是思維性意識）的控制。舉例而言，昏迷狀態的人之所以會倒地不起，是因為控制平衡和骨骼肌的神經系統進入無意識狀態，人體用於保持站立狀態的骨骼肌失去命令，無法繼續抵抗重力。

重力原理的另一個內容是：對抗重力，需要至少等同於身體所承受重力的能量。如果能量充沛，超出身體所承受的重量，就可以做出反重力運動，比如跳躍、高舉雙手的大肢體運動，以及抬頭、挑眉毛、嘴角上翹等小肌肉運動。相反，能量不足的時候，就會導致身體向下"垮"掉，比如坐、蹲、摔倒、躺或者趴等大肢體運動，以及軀幹彎曲、低頭、眉毛和臉上的肌肉下垂等小肌肉運動（嚴格意義上講，不是運動，是被重力吸下去的）。經常可見，比賽結束後的運動員因運動過量，就時常出現這樣的情況。

所以人在得意的時候，往往神采飛揚，歡呼雀躍；人在失意的時候，則會垂頭喪氣，低眉垂目，蹲踞而泣。

勝利者的姿態

我們經常會看到，戰爭或者比賽的勝利者會習慣性地做出一些動作，比如高舉雙手、高聲嘯叫，這些消耗很多能量的動作，原始動力旨在獲取更多的關注。

勝利是值得喜悦的事情（用更嚴謹的話講，勝利是積極結果，但不一定會引發喜悦情緒），所以勝利者受到積極刺激之後，會產生積極情緒，情緒會調動能量儲備。因為贏了，意味着很多後續的收益，這些積極的刺激會讓勝利者的神經高度興奮。戰鬥的時候，身體會儲備大量的能量用於腦力或者體力的較量。在戰鬥結束之

圖 10-1　雙手高舉的勝利
　　　　反應

圖 10-2　游泳冠軍菲爾普斯
　　　　向觀眾揮手致意

圖10-3　撞胸的勝利反應，常
　　　　見於男性運動場合

後，需要將多餘的能量釋放出來，同時舒緩緊張的神經，使身體恢復到平常的正常狀態（長期興奮會導致神經系統與循環系統負擔過重）。

當然，如果戰鬥的過程非常艱難，消耗掉了全部能量，也就不會有甚麼慶祝動作。但只要還沒暈過去，嘴角的微微翹起，還是經常可見的。

以上所提及的慶祝動作，大都是反重力動作。

1、反重力動作

神經興奮和充足的能量，會支持身體做出一些大幅度的反重力動作。將雙手高高舉起是常見的表達勝利的動作，也是比較經典的反重力動作之一。如圖 10-1 和圖 10-2。

球場上，如果運動員打入關鍵一球，觀眾經常可以看到進球後的各種慶祝動作，其中一個就是高舉雙手，躍起後撞胸。如圖 10-3。

兩個人一起慶祝的時候，還會各自高高舉起一隻手，做出相互擊掌相慶的動作。如圖 10-4。

跳起來歡呼基本上是勝利後一套固定的組合動作，成語謂之"歡呼雀躍"。如圖 10-5。跳起來是經典的反重力動作，而歡呼則是獲取更多關注的一種炫耀方式，同時還能起到調整呼吸、消耗能量的作用。

有的運動員在獲得勝利之後，還會來一個複雜的跳躍——後空翻，來表達內心的喜悅和興奮。如圖 10-6。

與跳起來相同的反應是取得勝利之後的登高。常見有比賽獲勝

圖 10-4　擊掌的勝利反應　　圖 10-5　跳躍的勝利反應

圖 10-6　後空翻的勝利反應

圖 10-7　高舉單臂的勝利反應

的運動員興奮之餘攀至高處或者繞場跑動，高高舉起一隻手向觀眾致意（其實是炫耀）。如圖 10-7。海拔高度的增加和跑動引起的被關注面積增加，能夠吸引更多的人看到並讚美。

圖 10-8　雙手高舉的勝利反應

比較隱晦的"登高"反應是舒展身體。其實每個人都可能做過這樣的動作，在完成一個比較有價值的工作之後（某種意義上講，這種情況也算勝利），會長長地舒展身體，伸個懶腰。一方面可以活動頸椎和腰椎，鬆弛神經；另一方面，也會有成就感和對美好未來的期望（也許是更大的挑戰）油然而生。

其實，在高舉雙手表達勝利喜悅的同時，軀幹和腿就會自然挺直，讓整個人達到自然身高的極值。無法想像人在駝背腿彎曲的時候，怎麼會把雙手高舉來展示自己（先天殘疾除外）。如圖 10-8。

2、高聲歡呼

與歡呼相同的還有大聲唱歌、長嘯、嘶吼等通過聲音來表達的方式，一方面把體內的能量轉化為聲音這樣的機械波消耗掉，同時，聲音的提高，也是獲取更多關注的一種炫耀方式；另一方面通過大幅度呼氣和減小吸氣量的方式來降低能量儲備。在很多涉險過關的勝敗遊戲中，勝者總是長長地吁出一口氣來放鬆自己。

　　勝利後消耗能量還有其他的方式，比如常見的 "Oh！Yeah" 動作。見圖 10-9。抬起一條腿，緊握雙拳，全身肌肉收縮導致軀幹內曲，甚至可以達到誇張的程度。要做這麼複雜的動作，調動如此多的肌肉共同參與，會消耗很多能量和神經興奮。

　　當然，在心理測試這麼謹慎的情境中，被測試人很少會做出如此大幅度的複雜動作，經常使用的是一些精緻的細微複雜動作，來表達自己的喜悅和興奮，同時這些動作也頗具表演特徵。

圖 10-9　抬腿握拳的勝利反應

3、搖頭晃腦

　　女孩子在得意的時候，經常會滿臉笑意地將頭輕微地晃動幾下，但幅度很小，頻率很高，整個動作全部在一秒之內完成。這個動作貌似微小且快速，但其實需要比較多的能量才能故意表演出來，只有在情緒使然的時候，才會油然而生，當事人自己都不一定會注意到。

　　戲劇把這種經典的得意與炫耀動作放大、放慢，經過藝術加工後，在舞台上用來表示花旦的竊喜（注意，是 "竊" 喜）。因此，如果被測試人出現了類似的反應，則可以判斷其內心的勝利喜悅是真實的。

根據對上述勝利後反應的規律進行總結，可以得出結論：動作越大或者越複雜，需要消耗的能量就越多，對神經系統的興奮程度要求也越高。因此，如果在測謊過程中，被測試人表現出這類反應，就可以判斷出其內心中積極情緒的真實性，因為靠偽裝和表演，很難瞬間作出這麼大的反應。

測試案例

我們在研究情緒和反應之間的關聯關係時，曾經做過一類實驗。這個實驗的內容很簡單，是要求志願者在指定時間之內，講述一件自己最得意的事（此外，還有最悲傷的事、最鄙視的事、最高興的事、最憤怒的事等等），在講述過程中錄像，講述完畢後，分析錄像中內容、情緒和微反應三者之間的同步匹配狀況。

情緒的變化不是突然產生、突然消失的，根據我們的研究，除了驚訝之外，其他情緒大多數情況都是逐漸積累起來，再逐漸消退的。當然，這其中厭惡也可能是由氣味或視覺刺激突然引發，但更多的時候，厭惡也是在不斷接受負面刺激後積累起來的。我們把這樣的規律稱做“情緒變化的曲線性”。根據這個規律，實驗中要求講述者的講述時間為 5 分鐘。如果在講述的過程中能夠有真實情緒投入，並做到三者同步、一致，可以獲得我們的物質獎勵。

雖然實驗數據的規模比較小，但是所有講述者在描述他們感到最得意的事情時，都會有統一的外在表現——能量充沛、動作幅度大或者動作繁複。

其中有一個女孩講述的是如何矯正了她男朋友對遊戲的癡迷。估計這個女孩學習過心理學的內容，她在描述的時候，先引用了巴甫洛夫的條件反射理論，又講述了胡蘿蔔加大棒的行為矯正模式（做對了事情給胡蘿蔔，為積極引導；做錯了事情給一棒子，為懲戒刺激），最後對自己的成果相當滿意。講到自己比較得意的部分，神采飛揚，眼睛發亮，手的動作增多，頻頻配合"理直氣壯"的語言，身體挺直、趨前，下巴和臉保持微微抬起的姿態。

我們的測試人員插話道："你是不是研究過心理學中的反條件反射療法和厭惡療法，把你男朋友當小白鼠了啊？"這時候，最經典的搖頭晃腦反應出現了，女孩子沒想到我們能把她矯正男朋友行為的事情，與著名心理學家的研究和實驗相提並論，強烈的被認同感和矯正男朋友行為本身的成就感，讓她的腦袋在一秒鐘之內晃動了4次！

註：

(1) 反條件反射療法：用一個新的聯結取代已形成的刺激—反應聯結。比如，假設一個人之前害怕蜘蛛，那麼療法就是在蜘蛛出現的同時，提供一些令人愉悅的事物（如食物），從而使"蜘蛛—恐懼"聯結轉換為"蜘蛛—高興"聯結。

(2) 厭惡療法：也是用一個新的聯結取代已形成的刺激—反應聯結，但這裏是將令人愉悅的事物替換為令人厭惡的事物。在這個案例裏，應該是在男友玩遊戲的時候，弄出些讓人厭惡的事物，逐漸改造"玩遊戲—愉悅"聯結。

圖 10-10　欺騙的得意

4、欺騙的得意

　　還有一種勝利的喜悅，沒有前面所描述的諸多明顯的反應，而是用接近輕蔑的一笑來淺淺帶過。但這一笑的分量，並不比振臂高呼的分量輕，因為它除了用笑來表達喜悅之外，還用一個小小的輕蔑，把對手死死地壓在身後。如圖 10-10。

　　這種喜悅、驕傲和得意的情緒，經常發生在成功的欺騙之後，我們稱之為"欺騙的得意"。在測試的過程中，如果被測試人認為自己的欺騙行為闖過了一關，尤其是將經過精心設計的說謊過程逐一實施，成功地表達了謊言，就會出現這種特殊的勝利反應。一般情況下，對測試持有挑戰心理的人，非常容易出現這樣的反應。雖然這些反應不能作為判斷說謊的證據，卻可以加以利用，用於設計測試方案。所謂，魔高一尺，道高一丈。

實踐應用

根據被測試人的類型和特徵，對帶着挑釁心理來參加測試的人員，或者思維縝密的説謊高手，往往要加大刺激程度才能使其防衛心理崩潰。普通的直接刺激往往都會在其意料之內，不會造成有效的意外刺激。因此，可以設計"以退為進"的測試環節，假裝在測試的過程中，經過一番勾心鬥角的較量，讓被測試人認為自己贏了，出現了真實的勝利反應後（其實已經掉進圈套了），再按照計劃進行下一步的刺激。通常，當被測試人自以為是的時候，如果受到有效的負面刺激，會由於巨大的心理落差而產生加倍的刺激效果。

測試案例

在我們的實驗研究體系中，有一個實驗專門用來研究故意説謊的人可能出現的"欺騙的得意"微反應。

參加實驗的人被要求從 10 張撲克牌中（只計數字，不計花色，如 A ～ 10）隨機抽取三張，然後向測試人員按照自定順序，分三次説出自己所抽取的撲克牌的數字。

試人員觀察第一次報數的微反應後，隨即判斷出他是否説了真話，也就是所説的數字是否與所抽取的數字相同。判斷結束後，亮牌面驗證，然後可以修改測試壓力（可以使用錢做測試壓力源，類似於常説的賭注）。接着，開始相同步驟的第二次實驗。在第二次修改測試壓力之後，完成最後一次實驗，也就是一共抽取三張牌，測試人員判斷三次。

第一張測試牌從戰略角度看基本上是基線測試，判斷結果正確與否並不重要，測試壓力也很小，重點在於觀察被測試人的說謊特徵。

第二張測試牌則是用來套住被測試人的"欲擒故縱"牌，測試人員故意對結果進行錯誤判斷，讓被測試人獲得這一階段的"勝利"，產生"欺騙的得意"反應，這時可以加大測試壓力，保證在判斷第三張測試牌的過程中獲取最終的勝利（判斷正確）。當然，這一切是不能告訴被測試人的。

實驗舉例：

某次，被測試人從 10 張撲克牌中，依次抽取三張。

第一次，被測試人說出結果是 3。在聽到結果後，測試人員故意等待了 5 秒鐘左右，觀察她的整體反應。之所以要等待 5 秒鐘，是因為故意說謊的人，不是受到意外刺激，所以在第一瞬間的反應都是在有心理準備的情況下所作出來的，不足為信。而在這短短的等待過程中，會經過一個快速而頻繁的"刺激—反應"過程，比如眼神的交流，或者測試人員做出某些表情來進行刺激，被測試人會隨着刺激產生一些反應。

第一次的結果，我們隨口說了一個："你說的是實話。"結果錯了，因為第一張牌是 7。不過這次重要的實驗，為我們積累了被測試人說謊時的基線反應。

第二次，被測試人說出的結果是 10。等待的過程中，被測試人面部保持平靜，沒有明顯反應，眼神也沒有出現逃離。但是，右腳做了一次勾起並繃緊的動作。這是動用能量使腿部肌肉緊張再放鬆的反應，說明被測試人有緊張情緒，需要用這樣的大肌肉群動作來緩解緊張，消耗體內的能量。

　　因此，測試人員推測，可能這個結果也是謊言。但為了取得"欺騙的得意"反應，測試人員故意判斷這次的結果是真實的。

圖 10-11　欺騙的得意

　　被測試人非常興奮地、用力地把牌翻轉過來，證明我們分析錯誤，臉上的表情是上下眼瞼向中間收縮（笑容的構成），眉毛向兩側輕微拉伸（同樣是笑容的構成），但嘴部卻呈現繃緊狀態，唇線沒有上調，而是接近水平（發力的特徵，在此情境下，是控制得意的笑）。這就是我們想要的"欺騙的得意"反應（不僅僅是表情，還包括手的動作）。如圖 10-11。

　　在第三次實驗中，被測試人說出了牌面後，我們所觀察到的反應是，在眼神的對視過程中，對方出現了快速的眼神阻斷，然後又快速恢復對視，同時上下眼瞼睜大，眼神逼視，眉毛微微挑高。這樣的反應，是在主觀意識的指揮下，表達"你能怎麼樣？看甚麼看？"的挑釁反應。

　　根據三次實驗的心理邏輯，判斷這一次的結果為說謊。牌面翻開後，驗證了我們分析的正確性。

　　經過實驗，我們積累了一些實驗數據，在接近 7 成的實驗數據中，被測試人出現了"欺騙的得意"反應，從而證明這個心理反應是比較普遍的現象，尤其對於大壓力的心理測試，結果更加準確。

　　説明：這個實驗中，我們使用了 3 次驗牌過程，如果大家想玩的話，一開始也許並不能夠精準地判斷出每一次的微反應。不着急，慢慢來，可以適當地擴大驗牌次數，比如，第一階段通過 10 次驗牌來判斷一個人的基線反應，第二階段通過 3 次驗牌來產生"欺騙的得意"反應（當然，"欺騙的得意"最好只有一次，因為這樣比較天然，過多的勝利就不會讓人產生僥倖的快感，而是自信了），第三階段一舉拿下。

失敗者的表現

　　戰敗的一方，失去的不僅是利益，還有能量。戰鬥失敗會造成神經興奮度大幅降低，甚至因為害怕遭受隨後的種種負面刺激，而使神經系統進入壓抑狀態，循環系統隨即停止補充能量到原本用於戰鬥的身體器官，整個人看起來就是俗話說的"蔫了"。如圖 10-12。

圖 10-12　失敗的壓抑

　　能量的失去會在幾個地方產生明顯的變化：眼睛失去光彩，變得無神；由於沒有能量，身體受重力作用影響，整體呈下墜趨勢，不會再出現反抗重力的動作和反應，連面部肌肉也會呈現出一致的鬆弛、下垂狀態；軀幹無法保持繼續挺直，頭也會向下低；如果是站姿，還會出現身體重心降低趨勢，腿也會因為失去力量而自然彎曲，或蹲或坐在地上，整個身體呈收縮趨勢；呼吸變得微弱，反應變得遲鈍。

總而言之一句話，失敗之人身體反應符合重力原理，無力抵抗重力的牽引。這些反應以及類似的反應變形，都能充分說明戰敗者的心理狀態——放棄。

因此，如果在測試過程中，能夠觀察到被測試人經過連續刺激之後，出現能量和精神流失的變化，則說明被測試人的心理防線已經瀕臨崩塌，即將講出實情。

戰敗的放棄是一種心理崩潰，是沒有其他期望的心理狀態。這種精神狀態的外在反應與悲傷情緒的外在反應相類似。失去自己所關注和愛護的人或物而又無計可施，是引發悲傷情緒的根本刺激源，一定程度上也是心理上的放棄，如失去摯愛親人，或者付出大量心血而沒有實現願望，這些無奈的失去都會讓人感到悲傷。因此，上述反應還可以用於推導悲傷情緒，具體問題要根據具體情境和刺激源的不同性質來進行分析。

但是，悲傷的情緒和悲痛的情緒是由完全不同的心態造成的。悲傷是源自無奈的失去，悲痛則是源自對負面結果（如失去自己所關注或愛護的人或物）的不認可、不相信、不接受的心理狀態，還會感到後悔、不平，還想努力改變現狀，還有能量表達這些不滿和期望，因此悲痛的經典表現是號啕大哭，而悲傷則多是黯然神傷的幽幽狀態。

測試案例

在我們的測試應用過程中，出現過一次經典的先悲痛後悲傷的接連反應。

被測試人是個優質大齡剩女，平時對自己生活要求很嚴格，作息規律、堅持健身、注意飲食，文化修養方面也有一定追求和造詣。只一點可能有些執着，就是一定要找到一個"文武雙全"的男人才肯嫁。這裏的文武雙全，不是指又會讀書又會打架，而是指既要有文藝成就，又要有豐厚家資。

其實，這樣的期望也不過分，畢竟自己的條件也不錯。但是，錯就錯在經過長期的挑剔和篩選，養成了多疑的習慣，對任何人都要明裏暗裏調查，希望獲取真相後才肯以身相許。這個偏執的思維習慣，已經到了讓人難以接受的狀態。

終於，她找到了一位心儀的男人，嫁給了他，但多疑的偏執造成了婚姻的不幸，雙方都很痛苦（不確認是否也有男人的因素）。

當問到"你是否毫無保留地希望繼續這段婚姻"時，女人糾結了半天，給出了答案"是"。男人也在現場，臉上稍稍露出了些笑意。但隨後測試小組否定了她的答案，前面的努力全部作廢。男人的臉色可想而知。

當時，女人的反應就是——悲痛。雙拳緊握，一邊哭一邊大聲否認和辯解，眼中充滿淚水，眼神中充滿憤怒。

但是，在清場後，工作人員向她説明了判斷依據：一是她隱瞞了自己的財產狀況（事實依據）；二是她在測試的時候承認，如果有某些情況發生，會隨時保護自己的利益而選擇離婚（測試依據）。女人的身體很快就失去了所有的能量，眼神中沒有了光彩，仰倒在沙發上，捂着臉，默默地抽泣。這種無奈的傷心，是悲傷。

長期的壓抑

戰敗後的人會產生比較低的自我認知，神經系統進入壓抑且敏感的狀態，害怕再次受到傷害，會較長時間習慣性地使自己處於弱勢地位和防護狀態。第六章中討論過的表示尊重和順從的反應（自我降低），則不具備這種戰敗後積累下來的敏感和習慣性特徵。

測試案例

在我們測試過的對象中，有一個貌似比較成功的博士生。他就讀於國內一流的科研單位，所攻讀的博士專業方向也很好，國內只有十幾個同專業的博士，專業檔次較高，未來供不應求。同時，這個人對自己的要求很嚴，自律較好，熱愛各類體育運動，且習慣挑戰自己的極限。熱愛生活，將自己的日程排得很滿，大多都是很有意義的事情。對待朋友也算熱忱，朋友的評價也都比較肯定。

圖 10-13　長期的壓抑

我們測試的主題是戀愛心理和行為模式。這個貌似很優質的被測試人，在整個測試的過程中，始終保持着一種姿態──下頜微低，眼睛略微向上翻着看人。如圖 10-13。

在測試過程中，他會習慣性地保持非常輕微的駝背姿態，只是在遇到負面刺激的時候會特意挺直身體，試圖展示自己的強大。我們在正式測試之前的預分析中判斷，這是一個有較深自卑心理的人。他在體育方面的執着和刻苦，其實是試圖通過不斷強化自己的體能來彌補內心中的某種不自信，行為模式略有些偏執。如果刺激有效，極有可能出現尷尬、憤怒、羞愧等負面情緒。

測試的結果和我們的預期分析完全吻合。這個在很多方面很優秀的博士生，在戀愛經歷方面均以失敗告終，而且都是女方放棄繼續交往的相同結局。長期的戀愛失敗，使他變得敏感而自卑，沒有正確的途徑學習處理感情上的交流障礙，只好通過其他方面的偏執型增強來作為彌補。

所以，長期的挫敗感可能會讓人形成這樣的姿態習慣：略微低頭（收下巴），雙眼輕微向上翻着看人，身體不挺拔，肢體動作有收縮趨勢，比較拘謹，不是自然狀態。由於這樣的人比較容易受到刺激，而且多數都會主觀上將中性刺激臆想為負面刺激，所以在日常生活中，需要謹慎對待。

實用速查

刺激源	勝敗反應類型	微反應動作	情緒或精神狀態
勝利	反重力動作	高舉雙手或單手	炫耀，希望獲取更多關注和認同
		跳躍	
		挺胸抬頭	
	高耗能動作	高呼、長嘯	興奮
		肌肉劇烈收縮	
		高頻率小動作（搖頭晃腦等）	
	欺騙的得意	得意的笑（表情）	得意
失敗	能量流失	蔫了	悲傷
	挫敗感引發自卑	眼球習慣性朝上翻	長期失敗的壓抑

附：模擬測試方案設計

　　本方案旨在說明測試過程中的問題設計方式，以及各題目之間存在的邏輯關係。其中有的問題設計不是人人都適用，因此，關鍵是理解問題設計中的邏輯，然後自己根據需要設計相應測試問題。

總基線問題：

1. 你的名字是甚麼？哪幾個字？

　　【測試目的】觀察無壓力敘述實情時的反應，確定是否有特殊習慣性表情和反應，以為基線。觀察思考圖形細節時的微反應組合。

2. 你的生日具體到年月日是哪天？

　　【測試目的】觀察無壓力敘述實情時的反應，確定是否有特殊習慣性表情和反應，以為基線。觀察思考數字細節時的微反應組合。

3. 請計算一下 123/7 的結果？

　　【測試目的】觀察計算、推導等複雜思考時的微反應組合，確定此時是否有特殊習慣性表情和反應，以為基線。

4. 請列舉一位你最喜歡的公眾人物，並說明原因。

　　【測試目的】觀察積極情緒表述時的反應，以為基線。

5. 請列舉一位你最厭惡的人物，並說明原因。

   【測試目的】觀察消極情緒表述時的反應，以為基線。

6. 北伐戰爭中，第二場戰鬥發生在哪個地方？

   【測試目的】一般情況下，這個問題是回答不出來的。觀察不能回答時可能存在的思考或果斷承認的反應，以為基線。

7. 你的家庭成員有哪些？（父親、繼母、同父異母的弟弟。）

   【測試目的】觀察提到每個人時的微反應差別，注重表述用詞，特別是對繼母和弟弟的表述。

8. 現在在哪工作？

   【測試目的】觀察對工作認知的微反應，以為基線。

9. 有沒有男朋友？

   【測試目的】觀察提及男友時的情緒反應，預設三種極端情況：驕傲、尷尬和冷淡。

10. 對將來的生活還有工作，有甚麼規劃嗎？

   【測試目的】觀察應答複雜問題時的思考和組織語言微反應狀態，以為基線。規劃問題涉及工作方面的，用於考察對現狀的認知和變更計劃；規劃問題涉及感情生活方面的，用於考察對男友的認可程度。

主測試問題及輔助測試問題：

1. 是否認為是自己導致父母離異，是否為當年的行為感到後悔？

   【主題目說明】屬關聯問題，即第一個問題成立，第二個問題才可能成立。如第一個問題答案為否定，則第二個問題無須作答。

（1）你父母離婚了是嗎？父母離婚之前，他們關係好嗎？誰對你更好一些？

【測試目的】觀察當前是否仍然對父母離異狀態敏感，如敏感（尷尬或羞愧），則有可能主題目為肯定；

建立邏輯基線，如父母之前關係很好，則離異變故易導致主題目為肯定；

建立邏輯基線，如果對自己更好的人是父親，則主題目答案有可能為否定，反之亦然。

（2）父親是甚麼樣的人，母親愛玩嗎？

【測試目的】建立邏輯基線，對個人的描述，暗示對個人的褒貶評價。如果對母親持否定性評價，主題目可能為否定。但當事人當時年齡過小，可能答案沒有參考價值。

（3）父親當時找到母親的情形，你還記得嗎？能不能大致描述一下？

【測試目的】觀察回憶及描述時的情緒反應。如果記得，應該是憤怒或尷尬。觀察結果可以推測當事人主觀態度，以為邏輯基線。觀察回憶基線反應。但當事人當時年齡過小，可能答案沒有參考價值。

（4）離婚的事，覺得問題是出在母親身上，還是自己身上？有沒有怨恨誰？

【測試目的】直接刺激，主觀判定性題目，重要邏輯基線。如果答案是母親，則主題目答案應為否定；如果答案是自己，則觀察微反應：愧疚和懊悔使主題目答案為肯定，理直氣壯或無所謂，則主題目答案為否定。"怨恨"題目同屬直接刺激題目，為覆核性題目。

（5）父親離婚之後，你們兩個人的生活快樂嗎？父親狀態如何？自己甚麼感覺？

【測試目的】建立邏輯基線，如果生活質量和情緒沒有明顯下降，則主題目答案可能為否定。

（6）父母不離婚，現在會不會更好？

【測試目的】複雜問題的思考和組織反應，觀察微反應流露出的情緒。如果作答非常直接快速，則可以認定內心的肯定或否定狀態。

（7）為甚麼一直和母親沒有聯繫？想不想母親？

【測試目的】建立邏輯基線，判斷當事人對母親的主觀認知。

（8）有後悔當年自己的行為嗎？

【測試目的】主題目，屬直接刺激。如肯定作答，應當有愧疚反應。

2. 是不是曾經想過一定要設法讓繼母離開這個家？

【主題目說明】不能測試"是否想過"這類題目，這屬於雙重心理痕跡（針對心理痕跡的心理痕跡），當事人自己很可能不記得"曾經想過"的事情。

（1）你父親是在你幾歲的時候再婚的？

【測試目的】基線問題。

（2）聽說你和你繼母關係不太好，是嗎？你和繼母之間是誰不能接納對方多一點？

【測試目的】建立邏輯基線，判定負面效應的來源傾向：主觀怨恨或者客觀不滿。

(3) 你繼母很多的缺點中，你最不能忍受或者最看不慣的是甚麼？繼母有沒有優點？

【測試目的】細節測試，使用通常標準結合當事人性格特徵判定當事人對繼母的厭惡程度，用以建立邏輯基線。

(4) 繼母對父親照顧好嗎？父親和繼母相愛嗎？

【測試目的】建立邏輯基線。

(5) 繼母對待你和弟弟的區別大嗎？

【測試目的】建立邏輯基線。

(6) 你和繼母有沒有發生過比較大的正面衝突？

【測試目的】細節測試，印象深刻的重大正面衝突可能導致主題目答案為肯定。

(7) 你有沒有曾經想過一定要設法讓繼母離開這個家？（如果有）那是你幾歲？為甚麼想過？（如果沒有）為甚麼？

【測試目的】主題目直接刺激。肯定作答後，添加細節問題覆核；否定作答後，添加邏輯悖論問題觀察微反應，以為依據。

3. 是否認為父親愛弟弟勝過你？

【主題目說明】主觀判定性評價，評測的是"認為"。

(1) 你和弟弟的關係怎麼樣，有沒有特別開心的一件事（舉例）？和弟弟有沒有鬧過比較大的矛盾（舉例）？

【測試目的】細節測試，判定當事人與弟弟的關係遠近程度，用以建立邏輯基線。

(2) 父親有沒有重男輕女的意識？

【測試目的】直接刺激，用以建立邏輯基線。

(3) 弟弟多大了，是不是從小調皮，有沒有因為被寵愛欺負你？你們倆有矛盾時父親知不知道，有沒有介入，怎麼調解的？

【測試目的】建立邏輯基線，用於判定父親在處理姐弟矛盾中的態度和方式。

(4) 你有沒有欺負過你弟弟？

【測試目的】觀察微反應，用於判定當事人是否厭惡弟弟並企圖掩飾。

(5) 你弟弟現在在唸高中是嗎？成績如何？有沒有女朋友？

【測試目的】不相關問題測試，判定姐弟之間的熟悉程度和交流頻率，用以建立邏輯基線。如果關係比較融洽，則不易產生主題目的肯定性回答，主題目是個主觀判定性題目。

(6) 你弟弟很喜歡玩網絡遊戲是嗎？父親對弟弟玩網遊是甚麼態度？你會不會給弟弟錢玩遊戲？

【測試目的】建立邏輯基線，判定父親對弟弟惡習的支持度和當事人對弟弟的親疏程度。

(7) 是否認為父親愛弟弟勝過你？

【測試目的】直接刺激。

4. 有沒有"如果沒有弟弟就好了"這樣的想法？

【主題目說明】測試的是"有沒有想法"，不合適，理由同主題目 2。

(1)（接第三題問）如果沒有弟弟你認為你和你爸爸的關係會不會更好？

【測試目的】建立邏輯基線。如果面對相關人，本題目屬於壓力測試，用以觀察微反應。

（2）你繼母對你弟弟好嗎？如果沒有弟弟，你認為你和你繼母的關係會不會改善？

【測試目的】建立邏輯基線。如果面對相關人，本題目屬於壓力測試，用以觀察微反應。

（3）你弟弟曾對你的生活產生過甚麼重大的影響嗎？

【測試目的】細節測試，應當有一定的思考時間，過快回答屬於假話。答案用於建立邏輯基線。

（4）有沒有"如果沒有弟弟就好了"這樣的想法？

【測試目的】直接刺激。

5. **如果父親反對，你會不會放棄現在的男友？**

【主題目評價】題目屬於負面壓力測試題目，需要確定當事人對以往感情經歷的細節的評價，通過比對每個問題的情緒反應和邏輯線索，最終得到準確答案。

（1）談過男朋友嗎？描述一下細節。

【測試目的】以被測試人描述細節為主，觀察可能出現的微反應的種類（美好、痛苦、慚愧、輕蔑），用以確定主題目的邏輯基線。

（2）目前是否有男朋友？（如果有）描述一下細節，如你和你現在的男友是怎麼認識的？你們交往了多久？你們間的感情好不好？（如果沒有）那你單身了多長時間？

【測試目的】以被測試人描述細節為主，觀察可能出現的微反應的種類（美好、痛苦、慚愧、輕蔑），用以確定主題目的邏輯基線。

（3）是否在大學期間被男生拒絕過？原因細節。

【測試目的】以被測試人描述細節為主，觀察可能出現的微反應的種類（愧疚、不屑），如否定回答，則觀察否定時的微反應是否與語言匹配。

（4）理想的男友標準？描述一下。

【測試目的】此題屬於邏輯基線題目，通過掌握理想男友的標準，可知其自身對於戀愛的思路和定位。以被測試人描述細節為主，觀察可能出現的微反應的種類（嚮往或其他），用以確定主題目的邏輯基線。

（5）父親有沒有干預過你交男朋友？

【測試目的】直接刺激，觀察微反應，建立邏輯基線。

（6）說一說父親對男友優點和缺點的期待和標準。

【測試目的】細節測試，通過答案用於判定被測試人是否熟悉父親在這方面的信息。如果熟悉，說明在意；如果不熟悉，說明父親沒有給過類似的壓力。建立邏輯基線。

（7）如果父親反對，你會放棄嗎？

【測試目的】主題目直接刺激。如果面對相關人，本題目屬於壓力測試，用以觀察微反應。

6. **是否認為自己能夠考入××大學主要是自己努力的結果？**

【主題目評價】題目本身屬於自我評價性質，需要確定當事人對於名校讀書這件事相關因素的認識和情緒。通過比對每個問題的邏輯線索，最終得到準確答案。

（1）2003 年考入××大學的時候，是甚麼感受？

　　【測試目的】以被測試人描述細節為主，觀察可能出現的微反應的種類（輕蔑、自豪、自滿），用以確定主題目的情緒基線。

（2）你認為成功錄取的最主要因素是甚麼？

　　【測試目的】屬於直接刺激題。以被測試人描述細節為主，觀察可能出現的微反應的種類（輕蔑、自豪、自滿），分析語言中的邏輯順序與微反應配合，用以確定主題目的邏輯基線。

（3）就讀大學期間，每個月平均生活費多少？家中是否有人輟學？期間是否有家人給予經濟上的支援？

　　【測試目的】以被測試人描述細節為主，觀察可能出現的微反應的種類（自信或者愧疚），用以確定主題目的邏輯基線。

（4）小時候，父母的教育方式或者家庭的教育方式大致是甚麼樣的？

　　【測試目的】以被測試人描述細節為主，觀察可能出現的微反應的種類（愉悅、輕蔑、憤怒或恐懼），用以確定主題目的邏輯基線。

（5）是否覺得自己是家庭子女中最優秀的？

　　【測試目的】以被測試人自我評價為主，觀察可能出現的微反應，以確定主題目的邏輯基線。

（6）目前贍養父親的模式？

　　【測試目的】以被測試人自我敍述為主，觀察可能出現的微反應（是否存在愧疚），以確定主題目的邏輯基線。

7. 是否對目前的工作心懷不滿？

【主題目評價】題目屬於壓力測試題目，需要確定當事人對以往工作的評價和目前工作細節的評價，通過比對每個問題的情緒反應和邏輯線索，最終得到準確答案。

（1）之前的兩份工作分別是？

【測試目的】以被測試人描述為主，觀察可能出現的微反應的種類（輕蔑、憤怒或其他），用以確定被測試人對工作種類的喜惡。

（2）換工作的原因是？

【測試目的】以被測試人描述細節為主，觀察可能出現的微反應的種類（輕蔑、憤怒或其他），用以確定被測試人對工作的評價習慣和思維習慣。

（3）在目前工作單位供職的原因是？目前甚麼崗位？

【測試目的】以被測試人描述細節為主，觀察可能出現的微反應的種類（滿意與否），用以確定主題目的邏輯基線。

（4）目前工作單位最吸引你的地方是？最討厭的地方是？

【測試目的】以被測試人描述細節為主，觀察可能出現的微反應的種類，同時分析微反應映射的情緒和敘述語言的邏輯匹配關係，用以確定主題目的邏輯基線。

（5）理想的職業目標是甚麼？

【測試目的】以被測試人描述細節為主，觀察可能出現的微反應的種類（期待、嚮往或無奈），用以確定主題目的邏輯基線。

參考書目

（英）達爾文：《人類的由來及性選擇》，北京：北京大學出版社，2009 年

（英）達爾文：《人類和動物的表情》，北京：北京大學出版社，2009 年

（英）Susan Standring 主編：《格氏解剖學——臨床實踐的解剖學基礎（第 39 版）》，徐群淵等譯，北京：北京大學醫學出版社，2008 年

（美）David M. Buss：《進化心理學（第二版）》，熊哲宏、張勇、晏倩譯，上海：華東師範大學出版社，2007 年

尹文剛：《神經心理學》，北京：科學出版社，2007 年

（美）John B. Best：《認知心理學》，黃希庭等譯，北京：中國輕工業出版社，2000 年

沈政、林庶芝編著：《生理心理學》，北京：北京大學出版社，1993 年

姜乾金主編：《醫學心理學》，北京：人民衛生出版社，2002 年

（美）David G. Myers：《社會心理學（第 8 版）》，侯玉波、樂國安、張智勇等譯，北京：人民郵電出版社，2006 年

（英）Ronald Blackburn：《犯罪行為心理學——理論、研究和實踐》，吳宗憲、劉邦惠等譯，北京：中國輕工業出版社，2000 年

（美）Jerry M. Burger：《人格心理學（第四版）》，陳會昌等譯，北京：中國輕工業出版社，2000 年

（美）B•H•坎特威茨、H•L•羅迪格（III）、D•G•埃爾姆斯：《實驗心理學——掌握心理學的研究》，楊治良等譯，上海：華東師範大學出版社，2001 年

（美）James W. Kalat，Michelle N. Shiota：《情緒》，周仁來等譯，北京：中國輕工業出版社，2009 年

（英）Aldert Vrij：《説謊心理學》，鄭紅麗譯，北京：中國輕工業出版社，2005 年

（美）保羅•埃克曼：《情緒的解析》，楊旭譯，海口：南海出版公司，2008 年

（美）保羅•埃克曼：《説謊——揭穿商業、政治與婚姻中的騙局》，鄧伯宸譯，北京：三聯書店，2008 年

（美）喬•納瓦羅、馬文•卡爾林斯：《FBI 教你破解身體語言》，王麗譯，長春：吉林文史出版社，2009 年

（英）亞倫•皮斯、芭芭拉•皮斯：《身體語言密碼》，王甜甜、黃佼譯，北京：中國城市出版社，2007 年

Paul Ekman & Wallace V. Friesen, Unmasking The Face, Englewood Cliffs: Prentice-Hall, Inc., 1975

Paul Ekman & Erika L. Rosenberg, What The Face Reveals, Oxford: Oxford University Press, 1997

　　如果你看到了他人的微反應，但是不知道該微反應究竟是甚麼意思，也不確定自己的認識是否正確，可以聯繫：

http://t.sina.com.cn/meag

　　將你的疑問和觀察到的微反應提交，本書作者將在條件允許的情況下，盡可能給予解答。